Mo Marlitt

Das Geschenk der Fragezeichen

W0197027

Mo Marlitt

Das Geschenk der Fragezeichen

Aufbruch ins glückliche Leben

HERDER

FREIBURG · BASEL · WIEN

HERDER spektrum 6939

Originalausgabe

© Verlag Herder GmbH, Freiburg im Breisgau 2017
Alle Rechte vorbehalten
www.herder.de

Satz: Designbüro Gestaltungssaal
Vignetten Innenteil: © Nikiparonak - shutterstock
Herstellung: CPI books GmbH, Leck

Printed in Germany

ISBN 978-3-451-06939-0

Inhalt

Wiedersehen

*E*s ist ewig her, dass wir uns gesehen oder miteinander gesprochen haben. Viele, viele Jahre. In einer Mischung aus freudig, irritiert und sentimental lege ich den Hörer auf, höre dem Klang von Annes Stimme noch ein wenig nach und rühre mich dabei nicht von der Stelle. Bilder kommen mir in den Sinn. Die kleine Anne und Karla, ihre Mutter, die lange eine Freundin war. Und jetzt, völlig aus dem Nichts, meldet sich auf einmal Anne, die jetzt vielleicht selbst schon Mutter ist. Zu dumm, ich habe vergessen, sie das zu fragen, so überrascht war ich von diesem Telefonat.

»Ich bin in deiner Gegend, habe dort ein Vorstellungsgespräch. Das wäre doch eine gute Gelegenheit, sich mal wieder zu sehen? Oder?«, war Anne sofort mit der Tür ins Haus gefallen. Obwohl sie zwitscherig wie ein kleines Vögelchen geklungen hatte, war doch ihre Aufregung zu hören, die zwischen den Worten mitschwang. Hastig hatte sie gesprochen, die Sätze untermalt von einem fragenden Ton, der mir signalisierte, dass es da vielleicht noch einen anderen Anlass gab als ein neuer Job. War mit Karla etwas passiert? Oder hatte ich Anne damals irgendwie verletzt? Arbeitete sie gerade ihre Kindheit auf? Sie war sehr oft bei mir gewesen, wenn Karla in der Arbeit war. Ein typisches kleines Frauennetzwerk, das gut funktionierte und nötig war, weil Karla alleinerziehend war. Ich kann mich nicht erinnern, zu streng oder schroff gewesen zu sein. Im Gegenteil, es gibt tausend schöne Momente, an die ich jetzt lächelnd zurückdenke. Sentimental eingestimmt gehe ich in die Küche und mache mir einen Kaffee.

Bunte Kindergeburtstage. Anne, wie ich ihr die Barbie schenkte, die sie von ihrer Mutter nicht bekam. Weihnachten. Wir alle und eine Gans, die sich weigerte, weich zu werden. Der erste Schultag. Ich hatte Anne die Tüte selbst gebastelt und mit Bildern von uns beklebt. Das Maskottchen, das ich ihr gehäkelt hatte, ein hässlicher Gnom, der eine entfernte Ähnlichkeit mit den Figuren der Sesamstraße hatte.

Sie will vielleicht da anknüpfen, überlege ich weiter und rühre in meiner Tasse. Oder sie will mich auch einfach nur sehen und schauen, ob ich noch beide Ohren und meine Nase habe. Ich schmunzele. Das Mädchen! Wie sie wohl aussieht? Ob das Grübchen in der rechten Wange noch immer so keck in der Mimik spielt?

Anne war ein vergnügtes Kind gewesen und ich war ihre selbstgewählte Tante. Hin und wieder übernachtete sie auch bei mir. Diese Abende waren für mich immer ganz besonders, da unser Zusammensein dann intensiver war und ich mir viel Zeit für die Gespräche nahm. Es war wohltuend, dieses Kind bei sich zu spüren, zumal ich keine eigenen Kinder habe. Wir bauten zusammen zwischen Schrank und Kommode mit einer Decke eine Schlafhöhle – der ideale Ort, um zu kuscheln, vorzulesen und Märchen zu erzählen.

Dann wurde Anne größer, die Arbeit nahm einen immer größeren Teil meiner Zeit in Anspruch und schließlich zog ich wegen eines Jobs in eine andere Stadt. Karla heiratete zwischenzeitlich und baute sich eine neue Familie auf. Sicher, denke ich mir jetzt, ich hätte mit Anne in Verbindung bleiben können, aber wir haben uns offenbar dann doch nicht gefehlt.

Bis jetzt. Natürlich habe ich sie eingeladen vorbeizukommen, auch wenn ich nun etwas Lampenfieber vor der Begegnung spüre. »Wenn ich dich besuche, liest du mir dann auch wieder was vor?«, hat sie mich mit einem Zwinkern in der Stimme noch gefragt. Auch sie hatte unsere Abende also nicht vergessen. Das zeigte sie mir auf eine so entzückende Art, dass ich trotz anderer Pläne zu ihrem Besuch nicht Nein sagen konnte. Im Spiegel auf der Kommode sehe ich mich. 25 Jahre älter geworden. Mindestens 25 Jahre. Ich rechne nach, Anne war etwa sieben, als ich den damaligen Job antrat und wir begannen, uns aus den Augen zu verlieren. Jetzt bin gerade gut Fünfzig. Ja es stimmt, es sind runde 25 Jahre. Ob unsere alte Verbundenheit die Zeit wohl überlebt hat? Wir werden es merken. Vermutlich schon beim ersten Blick.

Ich schaue auf die Uhr, es ist höchste Zeit. Was essen wir? Das Bett! Die Aufregung wirbelt den Erinnerungssand in meiner Seele auf. Fotos von damals, soll ich die schnell suchen? Alte Postkarten und Briefe – in welcher Schachtel liegen die? Nachher, ich stutze einen Moment, ist sie an Einzelheiten gar nicht interessiert? Wie ein orientierungsloses Huhn renne ich von einem Zimmer in das andere, mache das Bett, decke den Tisch, poliere die Gläser und finde tatsächlich noch etwas Thunfisch und Oliven im eigentlich leeren Kühlschrank, um einen italienischen Salat zu zaubern. Das perfekte Provisorium! Dann klingelt es und wie in einem alten Film richte ich mir mit den Händen schnell noch mal das Haar, bevor ich auf den Öffner drücke.

»Da bist du, Kind«, sage ich und erschrecke, weil mir das Kind so aus dem Herzen kommt.

»Da bin ich!«, Anne schließt mich in die Arme. Ich rieche den Sommerduft, den sie trägt, fühle die Zartheit ihrer Hände und denke mir: Uh! Sie muss mehr essen, sie ist zu dünn.

»Für dich!«

Strahlend hält sie mir einen großen Sonnenblumenstrauß entgegen. Als ob die Zeit stehen geblieben wäre.

Während ich den Abendbrottisch decke, plaudert Anne aus ihrem Leben, dem Studium, erzählt von ihrem Freund und lässt auch Karla nicht aus, die mit ihrem Mann in die USA gezogen ist. Ich frage nach, interessiere mich und spüre doch: Nein, die Zeit mit Karla, sie ist vorbei. Hauptsache sie ist gesund, mehr will ich eigentlich gar nicht von ihr wissen.

»Weißt du, Alice«, beginnt

Anne nun sehr vorsichtig, als ich uns eine Kanne Tee aufbrühe. »Du warst in meinem Leben irgendwie immer präsent, auch wenn wir uns so lange nicht gesehen haben. Ich habe immer wieder an dich gedacht und will dich schon ewig einmal besuchen. Die Kinderbücher von damals habe ich noch immer. Diese Erzählabende, die waren so wichtig. Mama hatte ja immer so einen vollen Kopf. Und naja, mit dir, das waren Zauber- und Zuckerstunden.« Wir lachen beide und ich stimme ihr zu. »Das sagst du richtig!« Ich muss sie einfach küssen und fühle Erleichterung, dass kein Schatten der Kindheit Anne zu mir bringt. »Ich fand dich immer toll.« Ihre Stimme klingt ganz aus dem Herzen. »Wenn ich groß bin«, habe ich mir damals vorgenommen, »dann will ich so wie Tante Alice sein.«

»Wie war ich denn?« Das will ich jetzt genauer wissen.

»Im Gegensatz zu Mama warst du immer so eindeutig und klar. Du hast mich ernst genommen. Wie soll ich sagen … du hast nicht über meinen Kopf hinweg entschieden, sondern ich durfte mitreden. Das fand ich super und deine Ideen, die waren einfach oft unerwartet. Man hat sprichwörtlich mit Nudeln gerechnet und du kamst mit Pudding. Das war genial!« Wieder müssen wir beide lachen. »Aber auch sonst,

über die Spaßzeiten hinaus … du hast mir geholfen die Schule zu verstehen, mir gezeigt, wie man lernt …« Anne verstummt für einen Moment und rührt sich etwas Honig in den Tee. Eine Locke löst sich dabei aus ihrem Haar. Sie sieht süß aus, wie sie hier in meiner Küche sitzt, das kleine Mädchen, das ich von früher kenne und das jetzt als junge Frau mit Komplimenten und der gemeinsamen Vergangenheit um mich wirbt – und irgendetwas dringend von mir will. Um was geht es genau? Ich spüre etwas und will jetzt endlich wissen, was es ist.

»Bist du auf der Suche nach Tipps?« Musst du wieder etwas lernen oder drückt dich dein Vorstellungsgespräch? Wo und wann ist es denn genau?

Doch Anne schüttelt mit dem Kopf. »Ich hab’ am Telefon geflunkert.« Abwartend beäugt Anne mich über den Rand ihrer Tasse. Sie hält sie in beiden Händen, als müsse sie sich wärmen. Als ich nicht reagiere, stellt sie die Tasse ab und wird verlegen, fast ein bisschen ernst. »Der eigentliche Grund ist, dass ich dich wiederzusehen wollte. Ich wusste nicht, wie ich das anstellen soll, deswegen habe ich mir etwas ausgedacht. Und eigentlich«, sie stockt, »wollte ich das auch gar nicht beichten. Aber nun ist es heraus. Bitte nimm es als Verlegenheitsflunkern. Ich wollte wirklich und echt zu dir. Ich musste einen Anlass finden, weil ich dachte, dass dann der Anruf leichter geht.«

Sie wollte also ganz direkt zu mir? Das berührt mich. Aber dennoch, es geht hier nicht nur um ein Plauderstündchen, das Wiederbeleben alter Tage. Es gibt ein Thema, das klingt doch deutlich mit! »Was ist denn der Auslöser dafür, dass du ausgerechnet jetzt zu mir kommen wolltest?«, lege ich jetzt ganz direkt den Finger in die Wunde.

»Ach, ich weiß nicht so recht.« Anne windet sich ein bisschen. »Eigentlich geht es mir gut. Oder anders ausgedrückt: Ich habe eigentlich viele Gründe, glücklich zu sein. Ich habe liebe Freunde und auch mit Mama verstehe ich mich. Mit Benjamin, meinem Partner, läuft es super, wir wohnen zusammen. Mein Job ist okay. Ich könnte zufrieden sein. Aber es ist nicht so.« Das kommt mir bekannt vor, ich unterbreche sie aber nicht, sie soll einfach weitererzählen.

»Ich stelle mir immer häufiger eine große Frage: Wofür bin ich auf der Welt? Was ist meine Aufgabe?« Ja, ich kenne das, muss ich ein wenig schmunzeln. »Immer wieder kommt mir diese Frage und sie fühlt sich wie ein Rätsel an. Zu den unmöglichsten Zeiten taucht sie in meinen Gedanken auf. Beim Autofahren, wenn ich eigentlich einschlafen will. Oder wenn ich die Biografie von interessanten Menschen lese.«

»Und nun bist du hier, weil du meinst, dass ich gut im Rätsellösen bin?«

Anne sieht mich an und neigt ihren Kopf zur Seite, als traue sie sich nicht zu fragen. »Ich dachte, dass du mir mit deiner Lebenserfahrung weiterhelfen könntest. Und außerdem kennst du mich einfach schon sehr lang. Zwar haben wir uns eine Ewigkeit nicht gesehen. Aber in den ersten Lebensjahren soll sich doch zeigen, wie ein Mensch angelegt ist, welche Talente in einem stecken. Und du«, sie beißt sich nachdenklich auf ihre Unterlippe, »du warst damals ganz einfach da. Vielleicht hast du ja etwas bemerkt, das mich auf die Spur bringt, oder eine Idee, wie ich eine Spur finden könnte, die mir hilft, Antworten auf meine Frage zu finden. Ich laufe gerade im Kreis herum. Oder besser: wie im Nebel.«

Neigen sich die Sonnenblumen in ihrer Vase gerade ein wenig zu ihr hin oder kommt es mir nur so vor, dass dieser Moment ein wenig besonders ist?

Ich bin selbst überrascht, wie schnell wir uns doch wieder vertraut sind. Diese kleine Anne, mit der ich eben noch Osternester und Martinslaternen gebaut habe, sitzt jetzt vor mir: erwachsen, schön und wie es scheint, voll der gleichen Fragen, die ich mir immer wieder stelle. Bis heute – in wiederkehrenden Schüben und mit neuen Färbungen. Wann hatte ich begonnen, erstmals über »meine Aufgabe im Leben« nachzudenken? Etwa in ihrem Alter? Anfang dreißig? Genau wie sie? »Hast du darüber auch schon mit deiner Mutter gesprochen?«, taste ich mich vor.

»Weißt du, Mama ist weit weg, und das nicht nur geografisch. Sie ist in vielen Dingen ganz anders als ich, sehr pragmatisch. Oder um es genauer auszudrücken: Sie hat sich darüber bestimmt noch nie Gedanken gemacht.« Anne grinst, als sie das sagt. Sie hat das Wesen von Karla akzeptiert, es scheint sie nicht wirklich zu belasten.

Ich gieße uns etwas Tee ein und richte als Nachtisch wenigstens noch ein wenig Konfekt, wenn ich jetzt schon keinen Vanillepudding habe.

»Aber vielleicht ist es auch ein wenig übergriffig, dass ich mit dieser Frage nun zu dir komme?« Mein Herumräumen scheint ihr ein Zögern zu signalisieren. Aber so ist es nicht. Ich empfinde ihre Frage

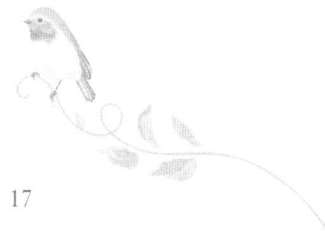

nicht als übergriffig, vielmehr bin ich gerührt und brauche ein paar Sekunden, um mich zu sammeln. Schnell reagiere ich, damit Anne mich nicht falsch versteht und sie sich wieder sicherer fühlen kann.

»Nein, nein, alles gut.« Ich muss tief atmen. »Es ist nur so, ich kenne diese Fragen – übrigens bis heute, wenn sich eine neue Phase in meinem Leben ankündigt. Als ich in etwa deinem Alter war, da tauchte sie auf. Es ist irritierend, wenn man etwas wissen will und nicht weiß, wo man anfangen soll, die Antwort darauf zu finden.«

Meine Güte, denke ich, und wie hilflos ich damals war, als ich erstmals anfing, mir meiner selbst bewusst zu werden. Wie gern hätte ich damals mit jemandem darüber gesprochen oder mich von einer anderen Sicht inspirieren lassen. Mit Karla ging das nicht. Sie war einfach nie wirklich auf der Suche.

»Ich meine«, Anne nimmt sich einen Keks, »es kann doch nicht sein, dass man mich so einfach auf diese Welt geworfen hat, ohne dass es einen Plan gibt, oder? Es muss doch möglich sein, eine Richtung zu finden oder wenigstens zu wissen, was man in diesen Umbruchzeiten am besten mit sich macht.« Das Strahlen in ihren Augen ist verschwunden. Keine Frage, dieses Mädchen quält sich.

»Es beschäftigt mich, ich will weiterkommen, suche einen Plan und stecke doch total fest.«

»Du hast eine große Frage und da helfen kleine Fragen sehr gut weiter«, überlege ich laut.

»Ähm, hallo?«, sie schaut mich enttäuscht an. »Ich bin eher auf der Suche nach Antworten.« Sie macht eine Pause. »Allerdings weiß ich nicht, wie und woher ich die bekomme.« Unsicher spielt sie mit ihren Fingern. »Du kennst mich seit dem Sandkasten, hast mich aufwachsen sehen. Irgendwie hoffe ich, dass du dich immer noch so gut in mich hineinfühlen kannst und die Antwort auf meine große Frage an das Leben hast.«

»Als du ein kleines Mädchen warst, war das etwas anderes«, antworte ich jetzt so ehrlich, wie es nur geht. »Das mit dem Entdecken der Aufgabe für das Leben, dafür braucht es weniger meinen Blick als deinen Mut.«

»Mut?«

Anne ist jetzt wirklich erstaunt. Nicht nur auf Lösungen, sie hat wohl auch auf Worte wie Gabe, Talent und Geschenk gesetzt. Auf göttliche Fügung, Schicksal oder Segen. Ich aber verlange von ihr nun Mut.

»Ja, den Mut. Um die Fragen des Lebens zu beantworten, benötigt es einen neuen Blick. Man muss die alte Spur verlassen und dafür braucht es keine Lösungen von außen, sondern neue Fragen, einen frischen Blick auf dich, deine Persönlichkeit, dein Leben. Ich kann deinen Plan für ein erfülltes Leben nicht finden. Das musst du schon selbst tun. Im Übrigen: Möglicherweise gibt es den ganz großen Plan für das gesamte Leben, wie etwa eine Berufung zum Priester oder Künstler, auch nur für sehr wenige Menschen. Die anderen«, ich zucke mit den Achseln, »also wir, die meisten mögen eher so unterwegs sein, dass uns unsere Pläne für ein sinnvolles Leben eine Zeit lang tragen, fünf Jahre, zehn Jahre oder ähnlich. Dann kommt eine neue Phase und damit tauchen auch die fragenden Gedanken wieder auf.

»Das klingt anstrengend!«, Anne lehnt sich zurück und macht dabei einen Schmollmund.

»Na«, wiegele ich ein bisschen ab. »Du kannst es auch als bereichernd sehen. Immerhin dürfen wir uns mit immer wieder neuen Herausforderungen beschäftigen. Das ist doch auch spannend und schafft Lebenswege, über die man später viel erzählen kann. Vielleicht kommst du – in einem allerersten Schritt – der Sache näher, wenn du dich selbst erinnerst, was dich als Kind glücklich gemacht hat ...«

»Du meinst viele, viele bunte Smarties?«

Wir lachen. In den wichtigen Momenten unseres

Lebens fallen uns oft scheinbare Nebensächlichkeiten ein. Zumindest habe ich es immer wieder so erlebt. Aber nichts ist nebensächlich, was sich als Bild, Impuls oder Erinnerung meldet. Auch Smarties können ein Teil einer Schatzkammer sein.

»Was verbindest du denn mit Smarties?«, gebe ich den Ball zurück. Anne macht erneut einen Schmollmund und rollt mit den Augen. »Ach, das war doch nur so dahergesagt.«

»Nichts ist belanglos, wenn du auf der Suche bist.«

»Vielfältigkeit? Farbenprächtig?« Sie geht bei jeder Wortendung mit der Stimme hoch, um eine Reaktion bei mir auszulösen, aber ich möchte, dass Anne bei ihren eigenen Gedanken bleibt.

»Das musst du wissen. Oder besser: Du musst herausfinden, was Teil deiner Rätsellösung ist, wenn du so willst. Hast du denn eine Idee, wie sich Vielfältigkeit und Farben heute in deinem Leben zeigen?«

»Ich bin nicht vielfältig, eher chaotisch.« Amüsiert zeigt sich das Grübchen auf der Wange.

»Naja, chaotisch, … manchmal hat auch das sein Gutes.«

Meine Gedanken schweifen erneut in meine Vergangenheit. Das Gespräch erinnert mich auch an mich und an diese Zeit des Aufbruchs Anfang

dreißig, als es mich umtrieb und ich so gerne wissen wollte, wie ich in meinem Leben, in meiner Arbeit mehr Sinn erleben kann. Dann diese Aussicht auf ein Gespräch mit einem alten Weisen. Einem Guru aus Indien. Dann dieser Ruck, den ich mir gab, diese Chance zu nutzen. Die darauf folgende Autofahrt durch den Tunnel, die Begegnung in dem Gasthof und meine Wanderung, die mir eine neue Sicht auf mich und das Leben gab.

Anne richtet sich kerzengerade auf. »Du denkst doch gerade an etwas!« Sie wird ganz wach und aufmerksam. »Mach mir nichts vor. Was ich suche, ist auch dir nicht unbekannt. Du musst das kennen, ich lese es in deinem Blick.«

»Ja, es stimmt«, sage ich nachdenklich und bin mir dabei sehr unsicher, ob ich in die damaligen Erlebnisse eintauchen möchte, um Anne davon zu erzählen. Heute geht es nicht um mich, sondern um sie.

»Bitte!« Ihre Stimme klingt flehend.

»Eine kleine Märchenstunde?«, gebe ich nach. »Wie früher?«

»Wie früher …«

Wir stehen vom Tisch auf und setzen uns auf meine große geblümte Couch, die Anne vielleicht noch aus Kindertagen kennt. Vertraut kuschelt sie sich in die Kissen, während ich das Licht ausmache, ein paar Kerzen anzünde und eine Decke über unsere Füße lege. Es ist lange her, dass ich eine Geschichte erzählt habe. Und es ist noch seltener geschehen, dass ich diese Geschichte erzählt habe. Immer trug ich sie wie einen Schatz in mir, aus Angst, sie würde an Glanz verlieren, würde ich sie mit einem anderen teilen.

Nun aber beginne ich – wenn auch zögerlich –, mit Anne zu teilen. »So wie du«, suche ich den besten Anfang, »fragte auch ich mich eines Tages: ›Wofür bin ich auf dieser Welt?‹«

Anne lehnt sich an meine Schulter, schließt ihre Augen und ist ganz bei mir.

»Auch ich hatte meine Richtung verloren, suchte eine neue, erfüllendere. Meine damalige Freundin Paula, die sich gerne viel und intensiv mit sich und der Welt auseinandersetzte, machte mich auf einen

Guru aufmerksam, der bei ihr gerade in der Gegend war. Dieser Mann lebte eigentlich in Indien, es war also eine sich selten bietende und für mich sehr interessante Möglichkeit. Ich witterte die Chance, dass mir jemand bei meiner Suche den Anstoß für den richtigen Weg geben könnte. Schnell handelte ich und buchte einen der raren Gesprächstermine. Er sollte am Abend stattfinden und anschließend wollte ich bei Paula übernachten. Also auf ins Auto und los. Das aber war klapprig und natürlich gab es damals weder Handys noch Navigationssysteme. Und so wurde der beabsichtigte ›Trip zum Guru‹ auf unerwartete Weise zu einer Abenteuerreise ...«

»Hört sich spannend an.« Anne öffnet die Augen und schaut mich interessiert und fordernd an.

Es ist klar, dass sie die ganze Story aus mir herauslocken will. Ich zögere nochmal kurz, aber eigentlich ist es doch schon entschieden. Diese Fahrt ...

Ich lehne mich zurück. Wie ich jetzt davon erzähle, fühlt es sich an, als wäre ich noch einmal mitten drin. Mitten drin in diesem Tunnel, gehetzt und nervös, diese Dunkelheit, die einfach nicht enden, nicht aufhören wollte und doch der Beginn zu mehr Licht in meinem Leben war.

Der Tunnel

*E*r zieht und zieht sich, ohne dass ein Ende in Sicht ist oder auch nur zu erahnen wäre. Vor, hinter und neben mir LKWs, Wohnmobile, Familien mit Kindern in ihren Kombis, Geschäftsleute in ihren Limousinen und vereinzelt sonnenbebrillte Urlauber in ihren Cabrios.

»Mist!«

Meinen Guru-Termin habe ich zwar erst am Abend, doch wenn ich noch lange im Stau stehe, werde ich es wohl kaum pünktlich schaffen. Verzweifelt suche ich im Radio einen Sender, der mir die Zeit in dieser düsteren Umgebung etwas heiterer gestaltet. Aber aus dem Lautsprecher kommt nichts außer lautem, gleichmäßigem Rauschen. Der Kaugummi, auf dem ich angespannt kaue, ist schon ganz zerfasert und widerlich geschmacklos.

So ein Blödsinn aber auch. Warum bin ich nicht früher losgefahren? Die Party am Abend zuvor hätte ich mir sparen können. Jetzt habe ich verschlafen und schmore hier im Auto. Nicht mal geduscht habe ich und an Packen war auch nicht zu denken, ganz zu schweigen von einer Tasche. Mein Blick findet im Rückspiegel das Sammelsurium von Schlafzeug, Hosen und T-Shirts, Shampoo, das auf der Sitzbank liegt. Super chaotisch! Die Sachen werden auf keinen Fall ausreichen. Paula muss mir wohl aushelfen, beschwöre ich im Stillen meine Freundin, die zum Glück die gleiche Kleidergröße trägt wie ich. Eine Frau in meinem Alter sollte … hmm, jetzt geht diese Selbstbeschimpfung wieder los.

Auch dabei muss mir der Guru einfach helfen, denke ich ungnädig mit mir selbst. Er soll dafür sorgen, dass diese innere Nörglerin endlich schweigt. Aber wie werde ich ihm das sagen? Und überhaupt: Was frage ich ihn am besten?

Als gelte es eine Prüfung zu bestehen, treiben mir diese Gedanken und der Zeitdruck den Schweiß auf die Stirn.

»Ich möchte wissen«, probe ich murmelnd vor mich hin, »wie ich ein sinnvolles Leben führen kann.«

Das klingt ziemlich abgedreht. Aber eigentlich ist es das.

Oder doch besser anders?

»Was kann ich tun, damit ich glücklicher werde?«, probiere ich weiter. Zum Beispiel im Job. Ist es das? Eigentlich ist das ja auch ein Gejammer auf hohem Niveau. Mein Job etwa ist für andere wunderbar. Ich darf für ein kleines, feines Magazin Artikel schreiben und mit vielen interessanten Menschen sprechen. Manchmal sind es Menschen, die etwas bewegen, oft Künstler, und auch der ein oder andere Politiker war schon dabei. Ich stelle Fragen wie:

Wie kamen Sie auf diesen Beruf?

Was macht Sie darin glücklich?

Haben Sie immer schon gewusst, dass Sie so leben wollen, wie Sie leben?

Die Menschen erzählen, ich frage weiter, führe in die eine oder andere Richtung, tippe ab und redigiere. Und die Leser schreiben, dass ich immer so spannende Personen interviewe.

Aber statt Stolz zu empfinden, fühle ich mich nach jedem Gespräch etwas nichtssagender und leerer an. Mit jedem Interview erkenne ich, dass offenbar fast jeder meiner Gesprächspartner »seine« Aufgabe im Leben oder in seiner aktuellen Lebensphase hat. Ich hingegen nicht. Die Augen meiner Interviewgäste leuchten, wenn sie von sich erzählen. In mir leuchtet nichts. Da muss es doch was geben, frage ich mich immer öfter, von dem auch ich erzählen kann. Aber ich komme mir selbst nicht nahe.

Umso mehr hoffe ich auf den indischen Guru, von dem ich so viel gelesen habe. Dass ich überhaupt einen Termin bekommen habe, grenzt fast an ein Wunder. Mein Blick heftet sich an die roten Bremsleuchten vor mir – ein Wunder, das in Gefahr ist. Dabei habe ich das Honorar schon überwiesen! Wütend schubse ich den Wagen vor mir ein wenig an, so als würde das den Stau auflösen.

»Nun mach doch!«, fauche ich, aber es bleibt ein Geruckel. So sehr habe ich auf diesen Termin gehofft! Ich will endlich erfahren, wie es mit mir weitergehen kann.

»Verdammt!«

Es tut sich nichts da draußen! Wütend schlage ich auf das Lenkrad ein und verstauche mir dabei auch noch den Finger. Der VW hinter mir blendet auf.

»Du Affe!« schreie ich ihn über den Rückspiegel an. »Siehst du nicht, dass hier nichts weitergeht?«

Kein Zweifel: Stillstand im Tunnel und Stillstand in mir. Der Kloß in meinem Hals ist riesengroß, aber Selbstmitleid fühlt sich wenigstens mitfühlender an, als diese meckernde Stimme vor wenigen Minuten.

Die erneut aufleuchtenden Bremslichter des Wagens vor mir unterbrechen meine Gedanken. Der Verkehr kommt jetzt endgültig zum Erliegen. Das ist das Letzte, was ich jetzt brauchen kann. Stau ist noch schlimmer als das Stop and Go der letzten Zeit. Ich befinde mich bereits seit gefühlten Stunden in diesem Tunnel. Mein Magen grummelt und die Gedanken drehen sich wie auf einem Karussell. Wiederholt suchen meine Augen die Uhr: 15.30 Uhr. Moment mal, schon halb vier? Das kann nicht sein. Gerade eben war es doch noch halb drei.

Wieder drehe ich am Radio, diesmal um eine Zeitansage zu erwischen. Aber nein, noch immer kein Empfang. »Wann hört das hier endlich auf?«, beginne ich entnervt zu jammern, während ich rechts von einem Lieferwagen, links von der Betonwand, vorne von einem Reisebus und hinten von einem LKW mehr oder weniger eingekesselt bin.

»Pass doch auf!«, schreie ich einen Motorradfahrer durch das geschlossene Fenster an, der sich knatternd zwischen den stehenden Autos hindurchschlängelt.

In meiner Handtasche krame ich nach einem neuen Kaugummi, finde aber nur die leere Schachtel. Nein, heute klappt nichts »einfach so« und ohne größere Schwierigkeiten.

Endlich! Jetzt kommt wieder Bewegung in die Autoschlange. Erleichtert atme ich auf und durch. Es geht weiter. Wenn ich Gas gebe, ist der Termin vielleicht noch zu halten. Doch jetzt beginnt mein Auto plötzlich zu holpern und zu zischen.

»Oh nein. Bitte, bitte nicht jetzt. So komme ich garantiert niemals an!«, schreie ich. Zitternd zuckele ich voran, ein wenig erleichtert entdecke ich weiter vorn endlich Licht und damit das Ende des Tunnels.

»Komm altes Mädchen, das schaffen wir!«, feure ich meine alte Ente an und rolle dem Ende des Tunnels entgegen. Das Licht blendet mich. Die Sonne scheint, der Himmel ist blau, fast erinnere ich mich nicht mehr daran, wie schön es außerhalb von Tunneln sein kann. Hupend überholt mich ein VW und viele weitere Autos und Laster schießen, nun ganz ohne Stau, an mir vorbei. Die Ente stottert auf der Seitenspur weiter vorwärts. Da! Eine Nothaltebucht. Dem Himmel sei Dank! Kaum habe ich sie erreicht, macht die Karre ihren letzten Schnaufer und säuft endgültig ab.

»Und jetzt? Was willst du?«, schimpfe ich auf das Armaturenbrett ein. Das Auto gibt keinen Mucks mehr von sich. Totenstille. Mit dem Knöchel meines Zeigefingers klopfe ich auf das Lenkrad. Fehlt Benzin, ist der Motor zu heiß geworden und hat die

Batterie das ständige Anhalten und Losfahren nicht verkraftet?

Ich steige aus, schlage die Tür zu und gehe um das Auto herum. Zu sehen ist – nichts. Ich bücke mich. Zu riechen ist auch nichts. Aber die Motorhaube mache ich nicht auf, besser nicht, nachher brennt es da noch. Ganz friedlich und still steht meine Ente da. Auf mein Glück hoffend, steige ich wieder ein und drehe vorsichtig den Zündschlüssel, parallel schicke ich Stoßgebete in den Himmel. Vergeblich. Der Motor stottert nur leise und klingt irgendwie, als hätte er eine Erkältung. Also wieder aussteigen. Ich drehe mich einmal um mich selbst. Da ist niemand, den ich heranwinken könnte. Mit einem Mal ist die Straße so leer …

Es bleibt mir nichts übrig, ich muss Hilfe organisieren. Mit den Autopapieren in der Hand gehe ich zu der orangefarbenen Notfallsäule, die gleich hinter der Haltebucht steht. Allerdings sehe ich nur den Pfosten, das dünne orangene Bein und dann erst den Stoffsack, der die Vorderfront verhängt. Ich krieg noch 'nen Knall. Außer Betrieb! Wenn etwas schiefläuft, dann aber richtig.

»Das ist doch nicht wahr!«, schreie ich resigniert los und tappe zurück zum Auto.

»Was soll ich denn jetzt nur machen?« Am Himmel strahlt die Sonne, mich umgibt ein wundervolles und friedliches Bergpanorama. In der Ferne glitzert ein See in tiefen Blautönen. Die Amseln singen ihre Liedchen. Wäre die Situation nicht so verfahren, könnte ich diese Stimmung vielleicht sogar genießen. Sie erinnert mich an frühere, pannenfreie Zeiten. In Orten und Gegenden wie diesen habe ich oft die Sommer meiner Kindheit verbracht. Und auch

wenn ich jetzt sehr damit beschäftigt bin darüber nachzudenken, wie es weitergehen soll, fällt mir doch ein, wie glücklich und frei ich damals gewesen bin. Erneut packt mich eine Stresswelle und verdrängt das Gefühl der Sommerfrische rabiat.

»Ich muss da doch hin!«

Mit »da« meine ich meinen Termin. Das, worauf ich meine Hoffnung setze. Das Orakel, das mir tief in die Augen schaut und sagt: »Ich sehe eine große Zukunft in deinem Blick. Eine Aufgabe, die dich erfüllt und dich trägt.«

Auf diese Aussage habe ich gewartet, gehofft und gesetzt. Jetzt scheint die Chance darauf zu zerplatzen.

»Das ist gemein!«, beschwere ich mich in Richtung Himmel. »Das ist nicht fair!« So nah dran und doch daneben. Morgen hätte meine Welt anders aussehen können. Mit Plan und Zielrichtung. Morgen hätte ich wissen können, ob es etwas gibt, das ich im

Leben erfüllen oder beachten muss. Jetzt weiß ich nicht einmal, wie und wo ich die Nacht verbringen werde. Erschöpft nehme ich die Winzigkeit von einer Handtasche vom Beifahrersitz, schließe das Auto ab, steige über die Leitplanke und mache mich auf den Weg. In der Ferne zwischen zwei Hügeln meine ich eine Ortschaft zu sichten. Wenigstens würde ich dort ein Telefon finden. Hoffentlich. Verlassen darauf tue ich mich bei meiner heutigen Glückssträhne lieber nicht.

Am Ende
der Welt

*E*s fühlt sich nicht gut an, so ausgebremst zu werden. Außerdem mache ich mir Sorgen, wie ich hier jemals wieder wegkomme. Zwar ist es erst später Nachmittag, rosafarbene Wolken ziehen über den Horizont, aber trotzdem mache ich mir Sorgen, wo ich wohl die Nacht verbringen werde.

»Reg dich nicht auf«, spreche ich mir Mut zu. »Vielleicht gibt es eine Werkstatt, in der noch jemand vor sich hinbastelt und so nett ist, mir zu helfen. Die Ente watschelt nach wenigen Handgriffen sicherlich wieder los.« Ich werde schon einen Mechaniker finden. Was sollen die Menschen in dieser Einsamkeit schon großartig unternehmen?

Mit dieser Vorstellung im Kopf fällt mir auch mein »Zwangs-Spaziergang« ein wenig leichter. Die trüben Gedanken lassen sich aber nicht ganz verscheuchen. Immer wieder wandern sie zu dem weisen Mann aus Indien, dem ich jetzt nicht einmal absagen kann, weil ich kein Telefon habe. Ein anderer Mensch bekommt nun vielleicht das Licht im Leben angezündet, auf das ich so gehofft habe. Mit dem Kopf an einem Ort, wo der Körper nicht ist, nehme ich den Weg allerdings nicht wirklich wahr. Es ist ein kleiner Schotterweg, der durch Wiesen und Felder führt, vorbei an dem See, den ich von der Straße aus schon entdeckt habe. Enten kuscheln am Ufer und die Wellen plätschern leise. Die Blumen auf der angrenzenden Wiese blühen in den kräftigsten Farben und ein intensiver Geruch nach Sommer liegt in der Luft. »Eigentlich schön,« bemerke ich knapp – bevor mein Guru-Hamsterrad die nächste Runde dreht.

Als ich den Häusern näherkomme, muss ich feststellen, dass die Lichter, die ich gesehen habe, zu keinem Dorf gehören, sondern eher zu einer kleinen Siedlung. Ein paar Häuser säumen die Straße, mit großen, gepflegten Vorgärten. In einigen kann ich Gartenzwerge entdecken, andere sind voll mit bepflanzten Blumenkübeln. Vielleicht gibt es ja ein Hotel oder Restaurant? Ich schaue mich um. Idyllisch ist es hier, da klein und überschaubar. Bisher habe ich nur eine kleine Kapelle und einen Hofladen entdeckt. Dieser ist aber leider schon geschlossen. Die Menschen sind alle zu Hause. Mir ist nicht ganz wohl dabei, die Ruhe dieser Familien hier zu stören, indem ich einfach an ihrer Tür klingele und um Hilfe bitte. Von einer Tankstelle mit Werkstatt: keine Spur.

Nach einer Kurve sehe ich endlich ein Haus, an dem die Leuchtreklame einer Brauerei hängt. Das muss ein Gasthof sein. Als ich mich dem Haus nähere, wird meine Hoffnung verstärkt. Über der Eingangstreppe prangt ein Schild: »Zur Schafgarbe. Gasthaus und Fremdenzimmer«. Mit großer Erleichterung entdecke ich neben dem Eingang zwei rostige, aber wohl intakte Zapfsäulen. Vielleicht ist der Wirt ja gleichzeitig auch der Mechaniker des Dorfes? Und wenn nicht, dann hab' ich hier ein Bett und kann in Ruhe überlegen, wie es weitergeht. Zum Schlafen, so male ich mir aus, werde ich ohnehin nicht kommen. Dazu bin ich viel zu aufgewühlt und enttäuscht.

Ich trete näher und sehe durch ein Fenster, wie einige Männer im Lichtschein einer Deckenlampe miteinander diskutieren. Über den Stammtisch hinaus sind die anderen Tische leer. Hinter der Theke steht eine Frau, das muss wohl die Wirtin sein. Sie spült Gläser und ruft den Männern etwas zu. Jetzt lachen alle laut.

So beherzt, wie es mir möglich ist, betrete ich den Gastraum. Das Gespräch verstummt, als gäbe die

Eingangstür dafür das Signal. Alle Blicke ruhen auf mir. Ich richte mich auf, steuere auf die Frau hinter der Theke zu und grüße sie und die anderen laut.

»Guten Abend!« grüßt sie zurück. »Kann ich irgendwas für Sie tun?«

Endlich ein Mensch, der mir vielleicht hilft. »Das hoffe ich! Ich bin mit meinem Wagen liegengeblieben«, sprudelt es sofort aus mir heraus. »Gibt es hier vielleicht eine Werkstatt oder einen Mechaniker?«

Keiner der Gäste springt auf, niemand von ihnen fühlt sich angesprochen. Und auch die Frau hinter der Theke schüttelt nur bedauernd mit dem Kopf. »Es ist Freitagabend und Matthias, unser Mechaniker, ist übers Wochenende auf einer Klettertour in den Bergen unterwegs. Aber was ich Ihnen anbieten kann, ist ein Zimmer und in der Früh ein himmlisches Frühstück. Und am Montag schaut Matthias nach Ihrem Auto.«

»Am Montag?«

Montag ist doch erst übermorgen!

Sie zuckt bedauernd mit den Schultern. »Am besten setzen Sie sich erst einmal hin. Oder Jungs«, sie geht ein paar Schritte auf den Stammtisch zu, »hat Matthias euch gesagt, wo er zu finden ist?«

Kopfschütteln gepaart mit einem Brummen ist die Reaktion.

»Tja …«, verzieht die Wirtin ihren Mund.

»Tja …«, zucke nun auch ich mit den Schultern und setze mich müde an einen Tisch, der in der Nähe des Tresens steht. Satz mit x, das war wohl nix.

»Ich bin Margit«, stellt sich die nette Wirtin vor und verschwindet in der Küche. Dass es nun auch hier nicht vorwärtsgeht, zieht mir die letzte Energie aus den Knochen. Damit habe ich nicht gerechnet. Das Wochenende ist gelaufen. Wenigstens die Männer diskutieren wieder und ich fühle mich nicht weiter wie eine Außerirdische, die vom Himmel gefallen ist und das friedliche Dorfidyll stört. Gerade als ich beschließe, dass eine Suppe mich glücklich machen könnte, kommt die Wirtin mit einem dampfenden Teller wieder.

»Hier, essen Sie das, das wird Ihnen guttun.« Es ist Suppe! »Und nun mache ich Ihnen einen schönen Kräutertee. Die Kräuter sind aus unserem Wald. Wissen Sie schon, ob Sie bleiben möchten?« Ob ich möchte?!

»Danke, ja«, nicke ich und ziehe den Teller zu mir heran. »Wenn es geht, dann würde ich das Zimmer gern nehmen.« Von »möchten« kann hier kaum die Rede sein. Eine wirkliche Alternative habe ich einfach nicht. Sicher, ich könnte einen Freund anrufen und bitten, mich hier abzuholen. Irgendjemand hat immer Zeit und rettet gern. Aber ich will niemanden mehrere hundert Kilometer durch die Pampa scheuchen, nur, weil die Prinzessin in Sicherheit gebracht sein will. Das Problem wäre auch noch nicht gelöst, denn mein Auto ist dadurch nicht schneller repariert. Selbst ist die Frau, ich bekomme das schon geregelt.

»Dann gehe ich mal hoch und richte das Zimmer her«, stört Margit meine Gedanken, während sie mir den Tee reicht. »Und Sie erholen sich erst einmal.«

Ich antworte mit einem dankbaren Lächeln.

»Bist arg erschöpft, Kindchen, was!«, antwortet sie darauf mütterlich und wechselt leichtfüßig zum Du. Für mich ist das in Ordnung. Auf dem Land, da sind die Entfernungen zwischen den Dörfern weit und zwischen den Menschen kurz. Ich kenne das von meiner Kindersommerzeit.

»Wo sind denn deine Sachen?« Es ist nicht zu übersehen, dass ich nur die Mini-Handtasche bei mir habe.

»Oh je. Die sind noch im Auto am Tunnel«, erkläre ich. Jetzt rächt sich, dass ich verschlafen und nur das Notwendigste auf den Rücksitz geworfen habe. Schnell gehe ich das kofferlose Sammelsurium durch. Waschzeug, Hose, Schlafanzug … irgendwie werde ich damit schon bis Montag auskommen. »Ich fahr' dich nachher hin. Meine Männer kommen auch mal eine halbe Stunde allein zurecht. Aber nun lass es dir erst mal schmecken.« Damit ist Margit weg und ich bin dankbar, warmherzige Fürsorge zu spüren.

»Hast du vielleicht eine Tasche für mich?«, frage ich etwas kleinlaut, als wir uns kurz darauf auf den Weg zum Auto machen. Margit schaut etwas verblüfft. Aber sie ist wohl Überraschungen gewöhnt, signalisiert mir kurz zu warten und geht noch einmal zurück ins Haus. Ich setze mich auf ein Bänkchen, das rund um die Wirtshauslinde steht. Ich liebe diesen Lindenblütenduft. Auch er erinnert mich an Kindertage und damit an die Zeit, in der es bei mir noch nicht um eine als sinnvoll erlebte Aufgabe im Leben ging. Damals habe ich einfach gespielt und jeden freien Tag genossen.

Heute arbeite ich. Das ist das Gegenteil von Spiel. Das ratlose Gefühl, das mich auf den Weg brachte, ist wie die Suche nach einem fehlenden Puzzlestein.

Jetzt sitze ich hier, unter der Linde, die Nacht wird schön werden, aber meine Lücke bleibt.

Die Tür fällt ins Schloss und ich schrecke aus meinem Trübsinn hoch. Da ist Margit! Mit schnellem Schritt kommt sie über den Kies auf mich zu und winkt mir fröhlich mit einem alten Wanderrucksack entgegen. »Den kannst haben! Den hat eine Frau einmal hiergelassen mit den Worten ›Bestimmt kommt irgendwann jemand vorbei, der genau diesen Rucksack braucht.‹ Jetzt bist du da und hast keine Tasche.«

»So ein Zufall!«

Der Rucksack ist schwarz-rot kariert und hat zwei aufgenähte Taschen. Seine Träger scheinen aus Leder zu sein. Ein hübsches Teil. »Glück im Unglück«,

denke ich laut. »Sprechen wir doch jetzt erst einmal vom Glück!« Margit schaut mir vergnügt beim Rucksackbetrachten zu. »Du hast ein Bett und einen Rucksack und wir sitzen unter einer wunderschönen Linde.«

»Ja, sie duftet ganz wunderbar. Und schön ist es hier. So still. Lebst du schon immer an diesem Ort?«

»Ja, ich bin hier aufgewachsen«, sie sieht sich um, »und lebe nun schon seit über vierzig Jahren hier. Das Wirtshaus hab' ich vom Vater übernommen. Ich koche, zapfe Bier und bringe Menschen eine Tasche, wenn sie keine haben. Es gibt nichts, was für mich besser wäre.«

»Wolltest du nie etwas anderes sehen?«

»Nein«, antworte Margit nachdenklich. »Es ist doch wunderschön hier, ich kann mir nicht vorstellen, einen anderen Ort zu finden, den ich Heimat nennen kann.«

Margit scheint ihren Platz gefunden zu haben. Wie erfüllend das sein muss, auch wenn sie mit dem Gasthaus sicher keine Reichtümer verdient.

»Geld ist nicht alles!«

Huch! Spaziert sie gerade in meinem Kopf herum? Ertappt blicke ich sie an.

»Da!« Margit weist mit dem Kopf auf das wettergeprüfte Werbeplakat einer Bank, die den Sparfuchs '84 sucht. »Der Sparfuchs aus unserem Dorf, der ist in die Stadt gegangen. Glücklicher wurde er dadurch nicht. Aber …«, sie kneift mich in die Seite, »ein bissel Geld braucht's freilich auch. Komm, wir fahren los, damit ich nachher noch ein paar Bier verkaufen kann.«

Gemeinsam machen wir uns auf. Auch Margits Wagen ist alt und klapprig, nur mit dem Unterschied, dass er fährt.

Während Margit lenkt, beschäftigen sich meine Finger mit dem Rucksack, den ich auf meinem Schoß halte. Er ist sauber und obwohl er gebraucht ist, sehr gepflegt und gut erhalten. Meine wenigen Dinge werden hinein passen und darüber hinaus macht sein Muster einfach Freude. Die Fahrt dauert länger als erwartet. Bin ich vorhin so weit gelaufen? Oder habe ich unbewusst eine Abkürzung gefunden? Ich weiß es nicht.

»Da vorn!«, zeige ich auf mein Auto, als wir an einer Kreuzung stehen. »Da steht es, kannst du es sehen?« Verlassen wartet die Ente auf mich. Im Schein der alten Straßenfunzel sieht sie etwas traurig aus.

Margit parkt und schaltet die Warnblinkanlage ein. Der Verkehr ist auch jetzt nicht wirklich stark.

Im Lichtkegel der Straßenbeleuchtung klaube ich meine verstreuten Sachen zusammen. Hier ein Schuh, da ein T-Shirt und die Zahnbürste nicht vergessen. Wo ist denn nur der Socken hingerutscht?

»Es ist so nervig«, stöhne ich. »Weißt du …«, drehe ich mich im Auto um und schaue zu meiner Begleiterin hoch. »Das sollte alles anders sein und normalerweise klappen die Dinge auch, die ich mir vorgenommen habe.«

»Ich denke«, lächelt mich Margit an, »Nichts geschieht umsonst. Und wenn ›nur‹ wir uns kennenlernen sollten, dann wäre doch auch das ein gutes ›Ergebnis‹, nicht wahr?« Sie hält kurz inne. »Das ist der Zauber, der in jeder Störung liegen kann. Man muss ihn nur zulassen und erkennen.«

Der Zauber in der Störung … es klingt verheißungsvoller, als es sich augenblicklich anfühlt.

Der Spiegel

Zurück in der Gaststube bestelle ich ein Glas Rotwein, um der Müdigkeit eine Bettschwere zu geben, die mich wohlig schlafen lässt.

»Nimm dein Glas einfach mit auf's Zimmer«, bittet mich Margit. »Ich mach jetzt auch Schluss, Gäste sind heute Abend nicht mehr zu erwarten.« Müde nicke ich ihr zu und steige die knarrende Treppe nach oben.

Das Zimmer ist einfach, aber einladend und bäuerlich-gemütlich. Hier werde ich also auf den Mechaniker warten. Eher ratlos, was ich mit der Situation jetzt anfangen soll, hole ich meine Siebensachen aus dem Rucksack. Ich stutze, denn für den wenigen Inhalt hat er ein beträchtliches Gewicht. Selbst als alles draußen ist, fühlt er sich immer noch bepackt an. Komisch, dass mir das erst jetzt auffällt.

Meine Hände durchsuchen erneut den Innenraum und tasten die eingenähten Taschen genauer ab. Ja, da ist etwas, ein kleiner Gegenstand! Ich fummele an dem Verschluss. Mit einem Schwups befreie ich ein kleines, türkisfarbenes, flaches Behältnis, das auf der einen Seite mit einem Stern und auf der anderen Seite mit einer kleinen gelben Sonne verziert ist. Es ist ein Klappspiegel, der seine besten Jahre wohl schon gesehen hat und an der ein oder anderen Stelle bereits blind ist. Bei genauerem Hinsehen entdecke ich eine feine Sütterlin-Gravur auf der Spiegelfläche.

Wofür bist Du auf der Welt?
Für dich!

Ich habe es meiner Oma zu verdanken, dass ich Sütterlin lesen kann. Sie wollte sich nie an die »neue«, die lateinische Schrift gewöhnen und brachte mir auch deswegen »ihre« Schrift bei. Sie war mir schon damals magisch und wie verzaubert vorgekommen. Jetzt brauche ich aber doch einige Anläufe, um die wenigen Buchstaben zu entziffern.

Wofür bist du auf der Welt?
Für dich!

Sorgsam fahre ich mit dem Finger Buchstabe für Buchstabe entlang. Das trifft ja den Nagel auf den Kopf! Darum geht es doch bei mir! Der Spiegel ist ja wie für mich gemacht! Wem er wohl gehört? Wie einem kleinen Wunder auf der Spur durchsuche ich Innenraum und Taschen erneut, so als könne sich die Besitzerin ebenfalls darin verstecken. Wieder und wieder höre ich Margit sagen: »Den hat eine Frau einmal hiergelassen. ›Bestimmt kommt mal jemand vorbei, der genau diesen Rucksack braucht.‹«

Und der Spiegel? Ist er absichtlich darin »vergessen« worden? »Wofür bin ich auf der Welt?« Mit genau dieser Frage bin ich heute Morgen aufgebrochen. Und unter der Frage hat der Spiegel eine Idee für mich parat: Für dich!

Ich betrachte mich in dem kleinen Rund. Die Sätze befinden sich mitten auf der Stirn meines Spiegelbildes, dort, zwischen den Augen, an der Stelle von der man sagt, es sei dort das dritte Auge positioniert. Man sagt, das sei ein Energiefeld. Ich habe davon gelesen. Es unterstützt uns darin, etwas intuitiv zu erspüren und das wirklich Wichtige im Leben zu erkennen.

Wofür bin ich auf der Welt?
Für mich!

Etwas beginnt in mir zu arbeiten. Der Rucksack sieht nicht wie ein Orakel aus. Aber dass ich den Spiegel darin gefunden habe, das ist schon ziemlich ungewöhnlich. Welche Frau hat sich wie ich in dem kleinen Spiegel betrachtet und gefragt: »Wofür bist du auf der Welt?« Offenbar trieb auch sie die Frage derart um, dass sie sich den Satz sogar hier eingravieren ließ. »Für dich!« Irgendwie ist die Knappheit revolutionär. Was, wenn ich gar nicht danach suchen müsste, wofür ich auf der Welt bin? Wenn es genügt, dass es mich gibt? Aber was bedeutet das genau? »Für dich!«? Das klingt doch ziemlich ichbezogen. Das kann es nicht sein. Oder wie ist es gemeint?

»Vielleicht kommt mir die Antwort ja im Traum«, gähne ich erschöpft und ahne, dass ich damit das Nachdenken vermeide. Aber egal. Heute kann ich nicht mehr. Nicht einmal mehr denken.

Waldspaziergang

*D*as Rätsel hat sich über Nacht nicht gelöst. Ein wenig gerädert wache ich auf und lenke mich von den Umständen ab, indem ich mich erst einmal auf den Kaffee freue.

»Was weißt du von der Frau, der dieser Rucksack gehörte?«, erkundige ich mich bei Margit, als sie mir mein Frühstück bringt. »War sie lange hier dein Gast? Kennst du sie vielleicht näher?«

»Nicht wirklich. Sie war eine Wanderin, die hier ein paar Tage ein Zimmer hatte, aber viel geredet haben wir nicht. Irgendwas hat sie beschäftigt. Sie war auf der Suche, das habe ich gespürt.« Margit hat Brötchen aufgebacken. Sie duften köstlich aus dem kleinen Korb. »Das sind sie aber alle hier. Kaum einer kommt in dieses Tal und geht auf den Berg, der nicht nachdenken oder suchen will.«

»Aha«, kommentiere ich nur trocken. »Es war ein kleiner Spiegel in dem Rucksack,« versuche ich Margits Erinnerung zu motivieren. »Ja, ja«, sie rückt das Tischtuch etwas zurecht. »Die Welt ist voller Symbole für den, der sie finden will.« Damit verzieht sie sich wieder in die Küche.

»Was ist das für ein Berg?«, rufe ich ihr nach, doch meine Frage geht wohl im Lärm eines Kräuterhobels unter.

»Du kannst ihn begehen, dann merkst du es von allein. Der Berg heilt und der Berg hilft«, meint Margit, als sie mir frischen Kräuterquark und Ei bringt. »Wenn man Fragen hat und genau hinhört, dann schenkt er Antworten und Einsicht. Es gibt dort übrigens auch einen Ort, der magisch ist. Du wirst ihn finden und spüren. «

Sie schaut mich an. »Willst du nicht deine Zeit nutzen und diesen schönen Spaziergang machen?«

»Mmmh«, sinniere ich laut, weil mich die Situation etwas überfordert. Magie … jetzt auch noch das. Berge haben es in jedem Fall an sich, dass sie ziemlich schweigsam sind. Antworten sind da nicht zu erwarten.

Die Gedanken müssen mir wohl ins Gesicht geschrieben sein. »Mach das! Geh raus in die Natur! Geh in den Wald oder auf den Berg!«, gibt sie mir einen Stups. »Zum Nachdenken hast du dann viel Zeit. Und für den Proviant hast du ja jetzt einen Rucksack.« Ohne Aufforderung stellt sie eine Flasche Wasser auf die Theke und legt eine Tafel Schokolade dazu. »Schau mal, eine Jause hast du schon und die Brote richtest du dir selbst. Weißt ja am besten, was dir schmeckt.« Selbst das weiß ich nicht wirklich und so entscheide ich mich für Käse.

Margit breitet eine Wanderkarte vor mir aus. »Wir sind hier. Da geht es in den Wald, dann links den Berg hoch. Auf der Hälfte ist eine nette Schutzhütte, wo ich schon viele interessante Menschen getroffen habe. Aber schau mal, wohin dein Weg dich führt. Ich selbst habe oft genug erlebt, dass Menschen und Orte, die für einen gerade gut im Leben sind, von ganz alleine kommen.«

Es ist ein neues Gefühl, auf diese Weise loszugehen. Und so mache ich mich zügig auf den Weg. Den Pfad, der zur Schutzhütte führt, habe ich schnell gefunden. Das ist auch nicht weiter schwer, denn er beginnt mehr oder weniger direkt hinter Margits kleiner Pension. Nur ein paar wenige Schritte und ich bin mitten drin in einem luftig-dichten Kiefernwald. Der Geruch erinnert mich an die Wälder rund um das Mittelmeer. Eigentlich fehlt nur noch der Blick auf blaues Wasser. Es ist schön hier. Die Wipfel der Bäume heben sich grün vom strahlend blauen Himmel ab. Ein Specht klopft in der Ferne und ich höre, wie vereinzelte Hummeln über den Klee am Wegesrand brummen. Es ist ein vertrautes Kindheitsgefühl – schon wieder, denke ich, und lächle. Sonntags ging es immer mit den Eltern in den Wald. Vor dem Spaziergang gab es immer ein großes widerspenstiges Geschrei, danach ein großes Schokoladen- oder Vanilleeis zur Belohnung. Die Vorliebe für Eis ist geblieben. Im Wald war ich aber schon lange nicht mehr.

Ich komme auch sofort außer Atem, als der schmale Feldweg viel steiler ansteigt, als die Karte zu erkennen gibt. Das Blut rauscht in meinen Ohren. Keine Frage, Kondition ist etwas anderes. Unter meinen Schuhen knirschen die kleinen Steinchen, die ich beim Gehen zur Seite schiebe. Um mich abzulenken, versuche ich verschiedene Vogelstimmen zu erkennen. Mehr als einen Kuckuck und ein paar Amseln erkenne ich aber nicht. Ansonsten ist es still.

Der Wald heilt, so hatte es Margit ausgedrückt. Das erinnert mich an die alten Sissi-Filme, die mich als Kind so unglaublich beeindruckt haben. Auch Sissi geht im ersten Film mit ihrem Vater durch den Wald und er erinnert sie daran, dass der Wald sie immer schützt und stützt, wenn sie traurig ist oder Sorgen hat. Klar, Sissi ist natürlich Kitsch pur, denke ich, aber trotzdem: Die Erinnerungen erfüllen und beglücken mich. Damals fühlte ich mich von der Welt gewollt. Jetzt ist da ein Fragezeichen.

Welcher Sinn steckt dahinter, dass ich geboren wurde? Aus welchem Grund hat sie oder er ausgerechnet mich entstehen lassen?

Der kleine Spiegel. Ich ziehe ihn aus der Tasche und betrachte noch einmal die beiden kleinen Sätze.

Wofür bist du auf der Welt?
Für dich!

Für einen Moment setze ich mich auf einen Stein, ziehe die Wasserflasche aus dem Rucksack und denke nach. Was wäre, wenn alles – auch mein Leben – Teil eines großen Spiels ist, eines Spiels des Schicksals? Der Tunnel, Margit, der Rucksack, der Spiegel. Ist es auch ein Spiel des Schicksals, dass mein Auto stehen blieb? Gehört das zum Zauber, der in der Störung liegen kann, wie Margit es nennt? Und wenn ja: Welche Idee könnte das Schicksal bei diesem Zauber im Kopf haben? Warum ist die Situation, in der ich mich nun befinde, so »arrangiert«? Damit ich wieder einmal wandern gehe? Das scheint mir etwas wenig für die große Frage, um die es mir geht. Ich lasse den Reflex des Sonnenlichtes im Spiegel ein wenig über die Bäume wandern und sehe mich schließlich selbst darin.

Als kleines Mädchen hatte ich immer eine Idee von meinem Leben. Mit 25 Jahren wollte ich verheiratet sein, mit zwei Kindern, einem Hund und einem Job, der mir Spaß macht. Da bin ich nun also. Alice, 32 Jahre alt, zwar mit Mann, aber ledig, ohne Kinder und ohne Hund. Ich weiß nicht, wohin ich meine Talente, mein Leben richten soll. Ich weiß nicht, was es braucht, damit ich strahle.

Die Bestandsaufnahme meines Lebens fällt ernüchternd aus. Zum Beispiel im Job: Es gefällt mir, mit Menschen zu tun zu haben. Und jetzt? Meine Kollegen und Kolleginnen sind überwiegend großartig. Gut, aber das ist nicht genug. Mit dem Team, dessen Teil ich bin, fühle ich mich vertraut. Aber inzwischen dominiert meine Arbeit so viel Routine. Und ich frage mich: Vielleicht sollte ich noch einmal etwas ganz Neues lernen? Dann wäre ich noch eingespannter. Ich habe jetzt für die Liebe und das Leben doch schon so wenig Zeit.

Puh. So viel. Zu viel. Intensiv schaue und lausche ich beim Weitergehen in die Natur und gehe so eine gute Stunde vor mich hin. Als der Durst kommt, setze ich mich an einer Weggabelung auf einen Stein und packe meinen Rucksack aus. Das Wasser schmeckt köstlich frisch. Und die Schokolade? Ehe sie noch schmilzt, breche ich mir ein gutes Stück herunter. Die Schatten der Bäume halten die Hitze fern und zurück bleibt eine angenehme Wärme.

Merkwürdig, stelle ich fest. Ich habe die letzte Stunde an fast nichts gedacht. Und nun? Klarer fühle ich mich auch nicht. Meine Gedanken sind wie Wollknäuel, deren Enden sich total verheddert und verknotet haben. Ich weiß nicht mehr, welche Wolle in welches Knäuel gehört, und die unterschiedlichen Farben helfen mir beim Sortieren nur bedingt. Habe

ich das eine Knäuel in der Hand, so kommt es mir zumindest vor, lasse ich es fallen, weil mir ein anderes dringlicher erscheint.

Es ist doch so, denke ich, du bist ja nicht stehen geblieben in deinem Leben, sondern immer irgendwie vorangekommen, auch wenn du nicht immer wusstest, welcher Schritt als nächster kommt. Jetzt aber geht es nicht um Vorankommen, sondern es geht um ein erfülltes Leben. Warum, um Himmels Willen, hast du dich nicht früher mit dir beschäftigt?"

Vorwürfe dieser Art machen keinen Sinn, im Grunde ist mir das klar. Ich habe mir in der Vergangenheit nie die Zeit genommen, mich mit Grundsätzlichem in meinem Leben zu beschäftigen. Nachdenken verlangsamt mich, das kenne ich vom Auto fahren. Denke ich dabei über Einkaufslisten und Verabredungen nach, gerate ich ins Schneckentempo und die Autos hupen aufgebracht von hinten auf mich ein. Ich habe wohl Angst vor dieser Langsamkeit.

Der Wald könnte für mich ein Ort der langsamen Veränderung werden, hoffe ich. Muss ich mir das aufschreiben? Nein, ich werde es mir gut merken. Schmunzelnd packe ich die Wasserflasche und den

Rest der Schokolade wieder ein. Für diese längere Pause bin ich eigentlich noch nicht lange genug unterwegs.

Ich spüre aber, dass sich trotz vieler wirrer Wollknäuel etwas ordnet. »Vielleicht ist es gut«, sage ich laut, während ich den Rucksack verschließe, »dass ich so langsam mache und nicht auf schnelle Antworten dränge.« Nicht zu drängen macht offen für das, was kommt.

»Wofür bist du auf der Welt? Für Dich!«, schreibe ich mit einem Stöckchen in den Sand und betrachte die Buchstaben ganz genau. Kleine Worte, in denen so viel Energie steckt.

Ich suche die Bäume nach einer Markierung ab. Da ist natürlich nichts zu finden, was mir mein Rätsel lösen könnte. Magisches, wie es Margit versprochen hat? Kein Hinweis auf Magie weit und breit. Seltsam, dass mich dieser Begriff so sehr beschäftigt.

Als ich mich wieder auf den Weg mache, sehe ich eine Frau, die mir auf einem der Seitenwege entgegenkommt. Erst wenige Schritte vor mir hebt sie den Kopf.

»Hoppla!«, begrüßt sie mich ein wenig erschrocken. »Mit Gesellschaft habe ich hier gar nicht gerechnet.«

Es ist schön, jemanden zu treffen, und ich freue mich auf einen kleinen Plausch. »Maria«, gibt sie mir die Hand.

»Alice«, lächele ich erfreut. Maria ist etwa so alt wie ich. Auch sie ist auf dem Weg zum Gipfelkreuz, will aber in der Schutzhütte eine Pause machen. »Hast du schon einen Hinweis gesehen?«

»Nein, das habe ich nicht und auch meine Karte hilft uns nicht weiter, denn sie ist sehr kleinteilig, und ich weiß längst nicht mehr, wo ich bin.«

»Hier«, deute ich auf der Karte auf irgendeinen Punkt. »Könnte das der Weg zur Schutzhütte sein?«

»Keine Ahnung«, Maria sieht sich um. »Genug gesucht! Der Weg wird uns schon finden«, lächelt sie mich aufgeräumt an.

»Lustig«, deute ich auf ihren Hals, »du hast ja dieselbe Kette wie ich! Es ist sogar meine Lieblingskette. Wo hast du die her?«

»Sie war ein Geschenk«, Maria spielt mit den Fingern an dem kleinen Anhänger, der an der Kette hängt. Es ist ein silbernes Kleeblatt.

»Ich habe mir meine Kette selbst geschenkt, als ich einmal dachte, dringend etwas Glück zu brauchen. «

»Dann sind wir ja jetzt Seelenschwestern«, sie breitet ihre Hände aus. »Wenn das so ist, können wir doch zusammen weitergehen. Natürlich nur, wenn du magst.«

Natürlich mag ich! Maria wirkt fröhlich und offen. Sicher kann man ganz tolle Gespräche mit ihr führen und denken kann ich ja auch, während ich mich mit ihr unterhalte.

»Das ist hier ein alter Pilgerweg, wusstest du das?«, nickt sie dem Weg zu. »Seit Jahrhunderten wird er von Menschen gewählt, die wissen wollen, wie es ihrem Leben weitergehen kann. Er führt zu einer Art von nach vorn gerichteter Selbsterfahrung. Hast du den Weg gezielt gewählt?«

Ja und nein. Ich habe den Weg genommen, weil Margit ihn mir empfohlen hat – ohne mir zu sagen, dass es sich bei ihm um einen Pilgerweg handelt. Den Weg des Nachdenkens habe ich aber durchaus bewusst gewählt.

»Ich habe mir ein paar Fragen mit auf den Weg genommen«, erklärt sie mir. »Ich orientiere mich in meinem Leben gerade neu. Eigentlich habe ich ein gutes Leben, aber es fehlt mir so ein bisschen Glanz. Es ist, als fehlte mir ein Puzzlestück, von dem ich hoffe, es hier zu finden.«

Kann das sein, dass Maria mir mit meinen Worten mein Anliegen beschreibt? »Ich trage auch eine Frage mit mir herum«, erwidere ich verblüfft. »Bei mir geht es um die Frage, wofür ich da bin auf der Welt. Und bei dir?«

»Meine Frage lautet: Bist du bereit, etwas zu teilen, um etwas Ganzes zu erhalten?«

»Seltsam«, erwidere ich, weil mir in diesem Augenblick nichts Besseres einfällt.

»Es ist eine schöne Frage, finde ich.« Maria sieht sich um. »Wenn man sie wirken lässt, dann ist man mehr präsent. Ich sehe dann dich und überlege, was ich teilen könnte.«

»Und indem du diese Frage mit mir teilst, hat sich deine Frage doch eigentlich   erledigt?«, denke ich laut.

»Wenn ich teile, dann teile ich dir auch mit. Gleichzeitig erfahre ich über mich eine ganze Menge. Etwas auszusprechen, laut zu sagen, macht vieles deutlicher und klarer. Ich sage dir, wie es mir geht, und durch dein Zuhören oder deine Antwort bekomme ich etwas zurück. Deine Worte regen mich an und sind die Stufe zur nächsten Frage. Insofern führt mich die Antwort auf die Frage bereits in den nächsten inneren Kreis und aus vielen Bruchstücken wird ein Ganzes.«

»Hmmm«, nicke ich und weiß nicht hundertprozentig, was sie damit meint.

»Bei mir geht es darum herauszufinden – ich sagte es schon –, wofür ich auf der Welt bin. Aktuell fühle ich mich ein wenig verloren in meinem Leben.«

»Dann bist du hier genau richtig!«, Maria sieht mich an. »Wusstest du, dass die Menschen in Japan

ganz gezielt in den Wald gehen, um sich ihren Gedanken zu stellen und sich von dem Grün heilen zu lassen? Sie nennen es Waldbaden. Ich tue das heute auch – um der Antwort auf meine Fragen nachzuspüren.«

Im Wald baden, eine schöne Vorstellung. In sich hineintauchen, um das nicht Offensichtliche zu finden. Eigentlich möchte ich Maria fragen, wie sie das macht, aber ich höre ein Grollen, das aus den Wolken kommt.

»Mir scheint, dass wir auch bald baden gehen und zwar richtig«, antworte ich mit einem besorgten Blick in den Himmel, der sich in der letzten halben Stunde zugezogen hat. Die schwarzen Wolken sehen ganz danach aus, als ob wir nicht trockenen Fußes an unser Ziel gelangen werden. Ganz zu schweigen davon, rechtzeitig wieder nach Hause zu kommen.

»Wo ist deine Pension?«, erkundige ich mich, um die Lage besser einschätzen zu können.

»Ich schlafe hier im Grünen!«

Maria lässt ihren Rucksack ein wenig auf ihrem Rücken tanzen. »Ich habe alles dabei, was es dafür braucht. Eine Decke, Proviant, ein kleines Fernglas für die Sterne ...«, sie runzelt die Stirn und sieht nach oben, »... die es hoffentlich heute Nacht zu sehen gibt. Mückenspray und eine Taschenlampe.«

»Du schläfst im Wald?«, reagiere ich verblüfft. Wer macht denn sowas? Ja gut, in einem Zelt, von mir aus auch abseits eines Campingplatzes, aber hier, mitten im Wald? »Das ist doch unheimlich und gruselig.«

»So gruselig ist es nun auch wieder nicht«, grinst Maria mich an.

»Wildcampen ist cool und wenn wir Glück haben, ist sogar die Schutzhütte offen, die sich irgendwo hier in der Nähe befinden muss.«

»Schau, dort!«, sie zieht ihre Wanderkarte aus der Seitentasche des Rucksacks. Es ist ein handgemalter Plan, mit einer Menge unlesbarer Notizen.

»Dein Plan sieht wie ein Kunstwerk aus«, necke ich Maria freundschaftlich, »aber ich befürchte, er ist ein Suchbild, wie die Markierungen im Wald.«

Meine Augen versuchen, auf der Karte den Platz

zu finden, auf dem wir stehen. Derweil kommt ein Wind auf und lässt den Zettel in Marias Händen wild flattern. »Was sind das für Notizen?«, frage ich noch schnell, bevor sie ihn wieder verstaut.

»Ich habe mir Notizen gemacht, über was ich nachdenken will. Über Zufriedenheit, Zuversicht und Wahrhaftigkeit. Bist du wahrhaftig?«

»Klar!«, antworte ich und bin mir auch jetzt nicht sicher, ob ich tatsächlich weiß, was Maria damit meint.

»Wahrhaftig reden«, Maria schaut, während sie spricht, in die Weite des Wegs. »Das sagen, was man wirklich meint, ohne die eigene Sicht in den Vordergrund zu stellen. Und wenn man wahrhaftig lebt, dann kennt man sich, auch was die eigenen Fehler und Schwächen angeht.«

»Man nimmt sich dann selbst ernst«, formuliert es sich fast wie von selbst aus mir heraus.

»Genau«, Maria zwickt mir in die Seite. »Man nimmt sich ernst.« Sie lacht. »Nimmst du dich ernst?«

»Das kann sein«, höre ich mich sagen. »Aber ich glaube es so richtig erst, seit ich in den Spiegel gesehen habe.«

Als ich ihr den Taschenspiegel zeige, bleibt das Gesicht von Maria stumm. Als würde sie die Antwort dort finden, kramt sie in ihrer Hosentasche und zieht ein kleines Amulett hervor. Sie klappt es auf und es finden sich darin dieselben Worte eingraviert, die auch in meinem Spiegel stehen.

»Das gibt es nicht!«, staune ich laut und merke, dass mir dabei die Augen groß werden und der Mund offen stehen bleibt.

»Du siehst es doch, dass es das gibt.« Maria klappt das Schmuckstück wieder zu.

Gewitter

Der Himmel verfinstert sich immer mehr und der Wind wird deutlich stärker. Mich fröstelt es. Unglaublich, wie schnell das Wetter kippt.

»Nimm dir eine Jacke mit. Gegen Abend wird es kalt«, hat Margit mir noch hinterhergerufen.

»Ich bin keine große Wanderin, am Abend bin ich wieder da«, habe ich nur geantwortet. Jetzt bin ich froh, doch noch auf Margit gehört zu haben.

»Bis zum Gipfel ist es noch ein Stück. Das werden wir heute auf keinen Fall schaffen,« ruft Maria. »Entweder du drehst um und kommst vielleicht noch vor dem Gewitter zu deinem Zimmer. Oder wir gehen zusammen weiter und übernachten in der Hütte.«

Ich will mit. »Also komm«, sagt Maria, »wir müssen uns beeilen.«

Unsere Schritte werden schneller.

»Du fragst dich, wofür du auf der Welt bist?«

»Ja«, schnaufe ich laut.

»Und hast du keine Idee?«

»Augenblicklich nicht – puh, ist das steil!«

»Wie würdest du merken, dass du schon etwas besser weißt, was die Antwort auf deine Frage ist?«

»Ich würde aktiv werden.«

»Du bist gerade aktiv.«

Worauf will sie hinaus?

»Du bist schon auf dem Weg! Aber du glaubst noch immer, dass du ganz am Anfang stehst. Siehst du denn keinen Unterschied?«

»Du hast recht!«, wieder bleibe ich stehen, aber ein erster Regentropfen warnt mich davor, zu viele Pausen einzulegen. »Ich tue die ganze Zeit so, als müsse ich endlich mal nachdenken, dabei tue ich es doch schon längst. Ich denke nach und halte mich an der Aufforderung fest, dass ich endlich damit beginnen sollte. Wie albern! Darum bleibe ich immer weiter an dem ›ich sollte mal‹ haften.«

»Dabei findest du ja schon!«

Das Lachen von Maria ist erfrischend. Der Wind fährt ihr durchs Haar und sie streckt als Siegerpose einen Daumen hoch. Als Gewinnerin fühle ich mich noch nicht, aber ein paar kleine Pokale habe ich bereits. Es geht hier um dich, wiederhole ich meine Erkenntnis. Und ich bewege mich schneller, als ich glaube. Es zuckt am Himmel. Jetzt bekomme ich doch ein wenig Angst.

»Keine Sorge«, Maria dreht sich und nimmt mich lachend an die Hand. Die Kette mit dem Anhänger fliegt dabei ein wenig durch die Luft. »Gleich sind wir da. Schutzhütte setzt sich aus den Worten ›Schutz‹ und ›Hütte‹ zusammen. Ich habe schon die bemerkenswertesten Menschen in solchen Hütten getroffen.«

»Und hatten sie Messer und Pistolen dabei?«, versuche ich es mit Sarkasmus.

»Nicht auf diese Art bemerkenswert«, greift sie den Faden auf. »Du bist hier nicht im Krimi, sondern in deinem eigenen Film.«

»Wie kommt es, dass du keine Angst hast?«, japse ich. »Mich beruhigt es nicht, dass sich das Wort Schutzhütte aus ›Schutz‹ und ‹Hütte› zusammensetzt. Außerdem«, jetzt donnert es und ich zucke zusammen, »hab’ ich mich schon als Kind vor Gewitter gefürchtet.«

»Grandios, wie du das zugeben kannst.«

»Mach dich nicht lustig über mich.«

Maria bleibt mitten auf dem Weg stehen. »Das tue ich nicht.« Sie sieht mich ernst an. »Wir sind Schwestern auf der Suche nach dem, was uns wichtig ist im Leben und wie man es ausrichten kann – das verbindet, siehst du das nicht auch so?«

Die schwesterliche Beschreibung unserer Begegnung tut mir gut. Ist es zwischen uns eine Freundschaft auf den ersten Blick? Wir werden sehen. Erst einmal bin ich froh, im Donnergrollen nicht allein zu sein.

»Vergiss nicht«, nimmt sie meine Besorgnis wahr. »Kein Mensch ist nur ängstlich oder nur tapfer.«

»Ja, das ist wahr«, antworte ich mehr mir selbst als Maria. Genaugenommen kann ich mitten in diesem Wetter auch so etwas wie Abenteuerlust in mir aufflackern spüren. Wenn ich diesem Gefühl nachgehe, überlege ich, dann finde ich viel mehr Gründe weiterzugehen, als wenn ich die Angst in mir nähre.

»Wir tragen alle Möglichkeiten und sehr viele unterschiedliche Verhaltensweisen in uns«, bricht Maria noch einmal die Stille zwischen uns. »Wir müssen

diese Optionen nur erkennen. In uns schlummern Stärken und Schwächen. Die Stärken können den Schwächen unter die Arme greifen. Und mit beiden im Gepäck, bewusst geschnürt, können wir unseren Weg immer wieder neu finden.«

Sie hat recht.

»Wir Menschen können einander wie ein Spiegel sein«, fährt Maria fort, »und so können wir einander das aufzeigen, was der andere gerade nicht sieht. Wir können uns Kraft und Sicherheit geben, aber auch wieder rauben. Aber man spürt glücklicherweise ja doch, wenn es einer nicht gut mit einem meint. Zumindest wenn man in Kontakt mit sich bleibt.«

»Du meinst den eigenen Instinkt, nicht wahr?« Ich denke an das dritte Auge.

»Genau den. Unser Instinkt ist viel schlauer als der Kopf. Er gibt uns Zeichen, wenn etwas nicht stimmt. Wie merkst du es, wenn du zum Beispiel ›Nein‹ sagen willst?«

Maria hat Nerven. Jetzt, da das Gewitter näher rückt, soll ich in Selbstbeobachtung glänzen? Im Grunde nur, um mich von dem Gewitter abzulenken, denke ich nach und beobachte sie derweil neben mir von der Seite. Ich vertraue ihr, warum auch immer. Mein Bauch ist ganz ruhig und meine Seele öffnet sich dieser Frau, die ich doch gar nicht kenne.

»Es ist schwierig«, versuche ich Maria zu erklären. »Ich kann oft nicht sagen, was ich gut finde, sondern eher, was ich nicht will.«

»Wie bemerkst du das denn?«

»Ich denke nach und finde …«

»Du denkst?«

»Ja …«, überlege ich laut. Aber dann bemerke ich gleich, dass das nicht stimmt. Ich denke nicht zuerst, sondern fühle ganz zu Beginn ein Unwohlsein, ein Gefühl in meinem Bauch, ein Abhalten, auf das ich nicht eingehe.

»Würdest du dem Nachgehen, dein Bauchgefühl befragen, dann kämst du auf wertvolle Informationen. Sagte ich vorhin schon, oder?«

Mein Bauch hat mir also etwas zu erzählen … Ist dieses Bauchgefühl auch aufgetaucht, als ich Maria auf mich zukommen sah? Ich gehe in meiner Erinnerung zurück und ja, doch, da war etwas, das gleich sehr vertraut war. Es gab keinen Moment von Misstrauen oder Furcht, sondern was ich spürte, war die reine Freude.

»Das ist gut! Lass dich drauf ein, probiere es einfach einmal aus«, sagte mein Bauch. Woher das auch immer kam, das Vertrauen, das ich spürte.

»Eigentlich bin ich wie ein Eichhörnchen«, beschreibe ich. »Schau, da vorn ist eines. Es sieht uns an und wir denken, es ist putzig, vielleicht können wir es sogar ein wenig füttern oder streicheln.«
Das Eichhörnchen sitzt geschützt in einer Wurzelhöhle und knabbert etwas aus zwei Pfoten, sein Kopf liegt schief, jetzt hat es uns entdeckt.
»Aber jetzt«, wir kommen fünf Schritte näher und flink wie ein Blitz ist es verschwunden. »Jetzt ist es abgehauen und versteckt sich vor uns.«
Der Vergleich ist stimmig. »Ich lasse Menschen nicht gern in meine Nähe, und selbst wenn ich jemanden an mich ranlasse, heißt das noch lange nicht, dass ich mich ihm öffne. Bei dir ist das anders. Gefühlt anders.«
»Vermutlich erinnere ich dich an jemanden?«, grinst sie mich breit an. »Und außerdem bist du eben nicht nur ein Eichhörnchen, sondern auch eine kluge

Katze. Du weißt, dass du zutraulich sein kannst – und zugleich wachsam und ganz bei dir. Vertrauensvoll, bei bestmöglichem Schutz. Das Leben ist vielseitig, man ist nicht nur das eine oder andere.«

Ich bin so mit mir selbst beschäftigt, dass ich gar nicht bemerke, wie die Steigung weiter zunimmt und der Himmel immer finsterer wird. Als es plötzlich laut donnert, zucke ich zusammen. Es wird schon alles gut ausgehen, spreche ich mir Mut zu und denke an die Katze in mir, deren Instinkt mich schon rechtzeitig in Sicherheit bringen wird.

»Wir Menschen sind doch wirklich mit einem wunderbaren Kompass für uns selbst ausgestattet«, fasst Maria mit einem Mal alle meine Gedanken zusammen. »Es gibt viele Richtungen und dazwischen viele Wege, die uns zu unseren Zielen führen. Wohin gehen wir? Das sind Zeilen von Novalis. Das war ein Schriftsteller und Philosoph. Frag mich nicht, wann er genau lebte, kann gute 200 Jahre her sein. Da war die Welt noch in Ordnung, denken wir, aber der war offenbar auch immer mal wieder uneins mit sich und wurde von Fragen nach dem ›Woher‹ und ›Wohin‹ umgetrieben.«

»Und wohin?«

»Immer nach Hause …«

Sie zeigt mit dem ausgestreckten Arm nach vorn.

Dort ist zwischen den Bäumen ein Lichtschein zu sehen. Es muss die Schutzhütte sein. Der Wind fegt ihr dabei durch das Haar und ich sehe, dass auch sie Gänsehaut hat.

»Schnell, es ist zu ungemütlich hier. Gleich sind wir da und der große Regen bleibt dann vor der Tür. Da oben geht es weiter. Da ist der Weg, da müssen wir hin!«

Wir gehen einen Takt schneller, biegen ab und nehmen eine kleine Abkürzung mitten durch den Wald. Der Boden ist uneben, Äste knacken unter unseren Füßen. Ich muss mich konzentrieren und aufpassen, wohin ich meine Füße setze. Aber wenn Maria Recht hat, dann haben auch sie etwas von dem Kompass abbekommen. Sie wissen genau, welchen Fußtritt es jetzt braucht. Jahrelange Übung, schmunzele ich. Vielleicht gilt das auch für die inneren Schritte, wenn man neue Wege sucht.

»Wir müssen uns wirklich beeilen«, feuert Maria mich an. »Sonst holt der Regen uns ein. Siehst du da vorn? Oh, das Licht winkt uns einladend zu.« Hand in Hand rennen wir auf die Hütte zu. »Bestimmt sind nette Wanderer in der Hütte.« Sie japst und lacht. »Sicher! Sie müssen ja nett sein, wenn sie im Wald der Fragen sind.«

Freundinnenfest

$\mathcal{A}$ls wir uns dem Eingang nähern, höre ich weibliche Stimmen und fröhliches Lachen aus der Hütte dringen. Durch die Fenster ist lustig flackerndes Licht zu sehen, gerade so, als ob viele Kerzen oder ein Kaminfeuer darin brennen. Am besten beides, denke ich fröstelnd. Als das Gewitter losbrach, ist es empfindlich kühl geworden. Ich verschränke die Arme vor der Brust und bin froh, gleich ein Dach über dem Kopf zu haben.

»Könnte sein, dass wir heute noch einen schönen Abend haben.« Maria sieht mich mit einem freudigen Lächeln an.

Als wir die Tür öffnen, sehen wir bestätigt, was wir schon geahnt haben. Es befinden sich nur Frauen in der Hütte. Maria lässt mir den Vortritt, was in diesem Fall bedeutet: Sie schiebt mich voran.

»Das ist dein Weg«, neckt sie mich. »Tritt ein!«

Ich komme in einen großen Raum, in dem sich eine Handvoll Frauen aufhalten. Sie gehören zusammen, das ist unschwer zu erkennen. Vielleicht ein Familienausflug? Irgendwie sehen sie sich alle ähnlich. Die Älteste ist schon recht betagt, vielleicht 80. Mit wachen Augen kommt sie auf mich zu und scheint überhaupt nicht müde von der Wanderung zu sein.

»Ich bin die Großmutter«, meint sie sofort. »Heute heiße ich Granny, weil ich hier die Älteste bin.« Aus der anderen Ecke des Raumes kommt ein kleines Mädchen stürmisch auf mich zugelaufen und winkt aufgeregt. »Ich bin Pritzel, weil ich so quirlig bin wie Sprudelwasser.«

Ein junges Mädchen nähert sich etwas scheu und reicht mir die Hand. »Hallo, ich heiße heute Bambi, denn ich bin so zart und zurückhaltend wie ein Reh.«

»Heute?«, frage ich nach, bekomme aber keine Antwort.

»Magst du einen Tee?«, zeigt Bambi auf den Herd. »Donna hat gerade einen aufgebrüht.«

Meine Augen suchen Maria, die bereits dort ist und sich eine Tasse füllen lässt. Komm her, ruft sie mich mit einer Geste zu sich. »Das ist Donna«, stellt sie mir die Frau vor, die neben ihr steht und mir nun ebenfalls eine Tasse reicht.

»Was macht ihr hier?«, möchte ich meine Neugier sofort befriedigen. »Wir feiern ein Fest«, antwortet Donna. »Und du bist gerade recht gekommen. Ich meine«, sie nickt Maria zu, »ihr.«

»Ist denn Walpurgisnacht?«, reime ich mir die Frauen, den Wald, die Hütte und das Feuer zusammen.

»Wir haben eine Wanderung gemacht, um eine schöne Zeit miteinander zu verbringen.« Eine weitere Frau gesellt sich dazu. Sie stellt sich mir als Fee vor. Auch sie fügt an, dass sie an diesem Tag so heißt.

»Fee«, sage ich laut. »Das klingt ja richtig geheimnisvoll. Feen sind zauberhaft, großzügig und sie sind lebensklug, nicht wahr? Warum heißt ihr nur heute so?«

»Es ist ein Spiel. Wir tragen unser Alter und unsere Charaktere in unserem Namen. Das hilft uns, schneller auf den Punkt zu kommen.«

»Welchen Punkt?«, hake ich nach. Und das mit den Charakteren verstehe ich auch nicht wirklich, aber egal.

»Wir sind da, um uns heute etwas zu schenken. Heute bin ich Fee, weil ich mich – du sagtest es selbst –, zauberhaft, großzügig gebend und lebensklug fühle.«

So wie Fee möchte ich wirken – nein: sein –, wenn ich einmal älter bin. Ihr Haar hat graue Strähnen, aber die Augen blitzen offen und neugierig.

»Viel zu selten sind wir alle zusammen«, freut Fee sich und nimmt Pritzel an die Hand. »Mein Lockenkind«, küsst sie das Mädchen auf die Stirn. »Du wirst ein buntes Leben vor dir haben.« Sie muss die Großmutter von Pritzel und Bambi sein und Granny ist dann wohl ihre Mutter.

»Ein Familienfest…«, ich schlussfolgere.

»Und ein Freundinnenfest«, erweitert Fee den Grund des Zusammenseins.

»Setz dich zu uns«, winkt Granny mir zu. Sie sitzt auf einem roten Kissen, das auf einem Teppich liegt. Ein Kreis von roten Kissen liegt in der Mitte des großen Zimmers, wie ein Lagerfeuerkreis. Obwohl die gesamte Atmosphäre sehr einladend ist, fühle ich mich ein wenig angespannt, denn ich bin es nicht gewohnt, mit so vielen Frauen zusammen zu sein.

Außerdem fühle ich mich wie in einem Film. Ob diese Frauen wohl auch auf der Suche sind und Fragen lösen wollen? Auch die kleine Pritzel? Wohl kaum. Aber: Ich hatte als Kind ebenfalls so einen Lockenkopf. Und wenn ich mich nun an Fotos erinnere, so sehe ich darauf immer so aus, als würde ich vor bunter Einfälle nur so sprühen. Aber es war nicht immer so. Ich erinnere mich auch, dass ich als Kind intensiv beobachtete und vielleicht ein wenig zu viel grübelte.

Jetzt nehmen alle Platz. Als ich in die Runde sehe, stelle ich fest, dass hier eigentlich jede Phase eines Menschenlebens vertreten ist. Die kleine Pritzel, Bambi, ohne Zweifel in der Pubertät. Dann Maria und ich als junge Erwachsene. Donna, die wie Anfang vierzig scheint. Und Fee? Sie schätze ich auf Ende fünfzig. Granny schließt den Kreis des Alters.

Obwohl ich die Frauen nicht kenne, spüre ich etwas Familiäres, das mich anzieht, sicher macht und auch beruhigt. Der Blick in die Runde erinnert mich an die großen Frauen- und Frauenfreundschaftsgeschichten, die ich als Roman oder Komödie im Kino

gesehen habe. Nur jetzt bin ich ein Teil dieser Geschichte.

Und kein Zweifel: Jede für sich ist schön. Pritzel,
das kleine Kindergesicht mit den rot leuchtenden
Bäckchen und den lockig abstehenden Haaren. Bambi, das Mädchen in der Pubertät, heute noch eine zar-
te Blüte, morgen eine Blume, schmal, mit den ersten
körperlichen Anzeichen von Weiblichkeit. Wie gut
kann ich mich an die Wechselmomente in diesem
Alter erinnern. Neben ihr sitzt Donna, die mitten
im Leben steht, das halblange, gelockte Haar mit einem Tuch gebändigt und aus der Stirn zurückgehal-
ten. Mein Blick schweift weiter. Die schöne Fee. Ihr
graues Haar, das sie offen trägt, umschmeichelt ihre
Schultern. Auf der linken Seite hat sie eine Strähne
zu einem kleinen Zopf geflochten. Ein dünnes rotes
Band ist in die Haare hineingewebt. Ich schaue zu
Granny, mit ihren Lachfalten um die Augen, und der
Güte und Geduld in jedem Satz, in jeder Geste. Und
dann sind da noch Maria und ich.

»Wir haben ja alle lockiges Haar«, stelle ich mit
einem Mal fest. »Schaut uns nur an. Witzig, findet
ihr nicht auch?« Alle lachen aufgrund meiner Ent-
deckung.

Ein Buch wird herumgereicht, in das jede hinein-
schreiben soll, was sie sich wünscht und was sie mit-

bringt, was sie beschäftigt und was gelöst sein soll. Eine angenehme Ruhe breitet sich aus, während die einen schreiben und die anderen essen und leise miteinander reden. Granny lehnt sich an Donna an, beginnt zunächst zu summen und dann ein leises Lied zu singen. Die anderen stellen das Wispern langsam ein und stimmen in das Lied ein, dessen Melodie mir als »Nehmt Abschied Brüder« bekannt ist, hier aber offenbar als eine Art Aufbruchslied der Frauen dient.

Wir sind auf einem langen Weg,
der Süden winkt uns zu,
das, was wir finden, zieht uns an
und lässt uns keine Ruh.
Wir wissen, wo die Sonne glüht,
wo sich der Schatten neigt,
die Ankunft tragen wir mit uns,
der Weg ist niemals weit.

Der Gesang klingt schön in der Nacht. Ich bin bewegt, ergriffen, dass sie mich und Maria in ihren Kreis aufgenommen haben. Hier wird es gut sein und die Angst vor Nacht, Regen und Wind rückt in den Hintergrund. Im Grunde fürchte ich mich vor nichts mehr. Kurz kommt mir das Auto und das verpatzte Wochenende noch in den Sinn, aber so verpatzt ist es gar nicht mehr. Schon längst will ich nicht mehr tauschen. Was sind schon eine Stunde kluge Guru-Worte gegen die letzte Nacht, den Spiegel, den Wald, Maria und jetzt dieses wundersame Treffen.

»Hat euch auch das Gewitter überrascht? Wolltet ihr, wie wir, hoch bis zum Gipfel?«, erkundige ich mich neugierig und nehme etwas von dem eingelegten Gemüse, dem Käse und Brot, das in der Mitte des Kreises auf einem türkis-goldenen Tuch angerichtet ist.

»Wir wollten auf dem weisen Stein sitzen«, erklärt mir Fee. Ungläubig blicke ich nach unten, doch da ist nur ein alter Dielenboden, dessen Holz viel zu lange kein Öl mehr gesehen hat.

»Die Hütte ist auf dem Stein gebaut«, weiht mich Granny ein. »Sie dient seit vielen Jahrzehnten als Ort für Menschen, die auf der Suche sind oder die sich in ihrem eigenen Leben verlaufen haben. Die Energie von Tausenden von Fragenden und Suchenden ist an diesem Platz gesammelt. Kein Mensch sucht allein und die meisten Menschen suchen Ähnliches. Wofür bin ich auf der Welt?, fragen sie und hoffen, die große Lösung schnell zu finden.«

Sofort fällt mir der Spiegel ein, den ich in meiner Jackentasche spüre.

»Schaut mal«, nehme ich mir ein Herz, ziehe den Spiegel aus der Tasche, klappe ihn auf und zeige ihn den anderen. Er passt farblich genau zum Tuch, das sehe ich, als ihn die anderen betrachten. Der Spiegel wandert durch die Runde.

»Sehr schöne Arbeit«, meint Fee und nickt mir zu.

»Der Weg hat dich gerufen und dir deine Aufgabe sofort mitgeteilt.« »Welche Aufgabe?« entgegne ich, aufmerksam geworden.

»In unseren Hüttennächten macht sich eine von uns immer auf den Weg«, weiht mich Donna ein.

»Mmmh«, nicke ich und koste das Knäckebrot mit Käse, das Donna gebacken hat. Es ist ein sehr feiner Fladenteig, der hauchdünn ausgerollt in den Backofen kommt. In der Form kannte ich es bisher nicht.

»Wie wäre es mit dir?«, stupst Maria mich auffordernd an. »Du wolltest doch etwas klären. Deine Frage! Jetzt bekommst du Unterstützung. «

Plötzlich wird mir ganz warm. Steigt da etwa Hitze auf? Oder spüre ich nur das Blut in meinen Wangen, weil ich erröte? Was soll ich denn jetzt fragen?

»Ja, hmmm, gerne«, gebe ich mich unauffällig, »aber erzählt doch einfach mal von euch. Ich würde mich auch gerne überraschen lassen.«

»Granny sagt immer«, höre ich Bambi leise kichern, »dass man so auch keine Bäckerei betreten würde. Man wird gefragt, was man will, und sagt dann ›Ich lasse mich überraschen‹ oder ›Ich bin neugierig, was jetzt kommt.‹ So geht das nicht.«

Bambi hat recht. Jetzt bemerke auch ich, wie unbeholfen ich auf die Einladung reagiert habe. Jemand möchte von mir eine Frage und ich sage, dass ich mich lieber von einer Antwort überraschen lassen möchte.

»Du kannst nur etwas bekommen, wenn du wenigstens ansatzweise weißt, was du willst«, erklärt mir Fee. »Im Falle der Bäckerei etwa ist die Frage, ob du salzig oder süß essen willst. Oder ob du einen Kaffee oder ein Glas Wasser oder einen Tee oder eine Cola haben willst. Ergo: Auch wir müssen wissen, mit welchen Antworten und Fragen wir dich unterstützen könnten.«

Ein Teil von mir begreift das sofort. Ich habe schon oft in meinem Leben das Falsche bekommen, weil ich entweder die Verwirklichung meiner Ideen anderen Menschen überlassen hatte oder einfach zu schüchtern oder auch denkfaul gewesen war, das, was ich wollte, zu formulieren.

»Also, du willst ...?«, nickt Granny mir zu.

»Ich möchte wissen, wofür ich im Leben da bin. Zumindest in der nächsten Zeit. Und ich möchte in diesem Zusammenhang abends ein Gefühl haben, dass ich die Welt ein Stückchen weitergebracht habe.«

»Und was kannst du dafür tun, damit du deine Antwort findest?«, legt die kleine Pritzel ihren Kopf schief und stützt ihn auf ihrer Hand auf. Sie sieht so süß aus, wie sie im Schneidersitz sitzt, den Ellenbogen auf dem Knie und den Kopf auf der Hand.

Alle Aufmerksamkeit ruht nun auf mir. Fast komme ich ein wenig unter Druck, denn in der Tat kann ich genau festmachen, was mich an meinem Leben stört. Ich habe aber nur sehr wenig darüber nachgedacht, was ich dafür tun kann, damit ich mich reicher, kräftiger und mit der Welt verbundener fühle.

»Darüber muss ich mir erst Gedanken machen«, versuche ich, Zeit zu gewinnen. Die Verantwortung, eine Antwort zu finden, wird mir keiner abnehmen, so viel ist klar.

Der Sturm vor dem Fenster wird stärker. Blätter rauschen im Wind und der Regen schlägt von außen an die Scheiben. Nicht auszudenken, was mir allein hätte passieren können. Es ist dir aber nichts passiert, lenke ich meine Gedanken zu dem, was ist. Seit ich von daheim losgefahren bin, hat es viel Dunkelheit und Sturm gegeben, Pannen und Schwierigkeiten, aber nun bin ich hier.

Was kann ich für ein erfülltes Leben tun? Also ich! Nicht irgendwer, eine Macht, ein Schicksal oder was auch immer. Ziemlich beeindruckt von der Erkenntnis sehe ich jede Einzelne an. »Es ist unglaublich. Ohne, dass ihr mir eine Antwort gegeben habt, habt ihr mich schon weitergebracht. Und das, obwohl ihr mich gar nicht kennt.«

»Also ich kenne dich«, zwinkert Fee mir zu.

»Und ich kenne dich auch!«, kräht Pritzel. »Kennst du mich nicht?«

»Auch mich könntest du kennen«, lächelt Granny, während Donna und Bambi schweigen, aber bestätigend nicken.

Verdutzt schrecke ich zurück. Wie, wir kennen uns? Naja, irgendwie doch. Ich kenne die kleine Bambi, weil ich in ihrem Alter selbst mal ein Reh war. Und sie sieht mir sogar ähnlich.

»Du magst bestimmt auch Abenteuer, so wie ich!«,

Pritzel schaut mich auffordernd an. Ja, das stimmt, auch wenn Abenteuer nicht das richtige Wort ist. Ich mache mich gern allein auf und suche mir meine Wege. Zumindest früher. Habe ich das vergessen? Als Kind, in Pritzels Alter, bin ich losgezogen und habe die Welt erkundet. Meinen Eltern war das nicht recht und sie suchten mich immer aufgeregt. Im Grunde haben die letzten beiden Tage diesem Freigeist in mir sehr gut getan.

»Ich gehe nach der Schule nicht immer gleich heim, sondern erkunde die Umgebung«, berichtet mir Pritzel stolz. »Fee schimpft deswegen mit mir, weil sie Angst um mich hat, aber ich hab keine Angst. Hast du Angst bei deinen Abenteuern?«

Energisch schüttele ich mit dem Kopf, während ich gleichzeitig über diese Zufälligkeit nachdenke. Was ist hier los? Irgendwie entsteht in mir der leise Verdacht, dass ich dieser Runde von Frauen nicht zufällig begegnet bin.

»Ich versuche gerade zu verstehen …« Wer sind diese Frauen? Sind das Geister? Haben sie hier auf mich gewartet?

»Beruhige dich«, Maria reicht mir etwas Gebäck. »Wer offen ist, dem begegnet allerlei.«

Pritzel setzt sich zu mir und schmiegt sich an mich. Sie ist warm und weich, riecht unglaublich gut und ich stelle fest, dass Geister dies in der Regel wohl nicht tun. »Und weißt du nun, was du tun kannst?«

»Erst einmal für mich da sein, damit ich später teilen kann?«, versuche ich mein Glück. Der Satz fühlt sich stimmig an. Es ist so, als wäre alles darin enthalten.

Es ist, wie es in dem Spiegel steht: Ich bin für mich da und wenn ich das bin, dann kann sich alles um mich herum verändern, neu ordnen oder drehen. Ich brauche keine Angst zu haben, dass etwas langweilig oder stressig ist. Wie es auch ist und kommt, ich bin für mich da und bin damit nicht allein. Ich kann etwas tun, egal, ob es sich nur um die Dekoration eines faden Tages handelt oder ob es um eine Inspiration geht, die die ich gerade brauche und suche.

»Wenn ich für mich da bin«, spreche ich mir laut zu, »dann ist sogar das Suchen schon so etwas wie das Finden.« Ich spüre das Lächeln der Frauen im Raum. Es ist unglaublich! Ich habe einen Schritt auf mich zu getan und alles fühlt sich neu an. Ich kann für mich selbst da sein, wie die Frauen es hier für mich sind. Ich kann mir zuhören, auf mich neugierig sein, ich kann mir Fragen stellen, mich verwöhnen …

»Ich kann sogar mich lieben!?« Die Worte kommen nur zögerlich. Und wieder spüre ich das Lächeln aller. Wann habe ich diese Möglichkeit einmal – und sei es nur für mich – laut ausgesprochen? Wenn ich mich liebe, dann bin ich auch für andere da.

Etwas leuchtet aus mir heraus, ich kann es fühlen. Sollte ich mir das aufschreiben? Nein, ich kann es mir merken, zwicke ich mich gedanklich in den Arm.

»Und nun raus in den Wald«, klatscht Donna in die Hände. »Es wird Zeit! Lasst uns die Fragen in die Natur tragen.«

Übermütig stürmen alle hinaus. Auch ich und wie im Märchen hat der Regen aufgehört.

Ein magischer Kreis

*D*er Weg ist schmal und glitschig. Über uns zu-
cken in der Ferne die letzten Blitze. Wir haben eine
lange Kette gebildet und gehen bedächtig hinter-
einander her. Es erinnert mich an eine Prozession.
Ich bin noch nie mit so vielen Frauen in einer Reihe
gelaufen. Noch dazu mitten in der Nacht. Es sieht
aus, als gingen wir eine meditative Polonaise. Vorn
geht Pritzel, obwohl sie die jüngste von uns ist. Dann
folgen Bambi, Maria, ich, Donna, Fee und Granny
bildet den Schluss.

»Jede geht an ihrem Platz«, sagt uns Granny.
»Denn es gilt hier und immer: In jedem Menschen-
alter gibt es etwas, das uns sucht. Das unsere Aufgabe
ist und unsere Hinwendung braucht. Wenn wir das
gefunden haben, dann sind wir ganz bei uns, fühlen
uns am richtigen Platz in unserem Leben und alle
Puzzlesteine sind gefunden.«

Puzzlesteine!

»Granny, bist du glücklich in deinem Leben?« Obwohl wir schweigen sollen, muss ich ihre Antwort hören.

Sie lächelt still und nickt. »Nicht nur das, was wir tun, das Leben an sich ist das Geschenk.«

Sie winkt die kleine Pritzel zu sich heran und nimmt sie an die Hand. Wir bilden dadurch einen Kreis.

»Unser Kreis!«, ruft uns Granny zu. »Schaut euch an. Jede von euch ist ein Teil des Lebens, das ich einst war. Ihr zusammen bildet mich. Ich habe den Abenteuergeist von Pritzel, die Schönheit und Zurückhaltung von Bambi, trage Marias Suchen, Donnas Ankommen und Fees Fülle in mir. Und ich bin eure Liebe, Achtung und Zuneigung, euer Wissen, eure Weisheit und Selbstliebe. Es ist schön, euch um mich und in mir zu wissen.«

Granny hat mich als Einzige nicht erwähnt. Ich spüre ein kleines Stechen in der Brust. Dieser Frauenkrcis ist so wunderschön und ich möchte gern dazugehören. »Auch du bist ein Teil von mir«, schaut sie mich jetzt an. »Wie ein Teil der anderen Frauen. Wir sind alle ein Teil des Ganzen und verbunden miteinander. Auf die Frage, wofür du da bist auf der Welt, kannst du antworten: für dich. Und damit für die Welt. Und wenn du dem weiter nachgehst, so hilft es dir, wenn du den Kreis der Frauen dafür nutzt.«

Hoppla, das überfordert mich jetzt doch ein wenig. Mein Herz beginnt aufgeregt zu pochen, während der Mond sich durch die Wolken schiebt und nun leuchtend auf uns scheint.

»Jede von uns trägt ein Teil der anderen Frauen in sich. Jede Frau kann in ihrem ureigenen Leben die Neugier des Kindes erspüren, das sie mal war, die Fülle der Frau, die sie einst wird und den Überblick, den sie in meinen Jahren dann erhält. Alles ist möglich, zu ein und derselben Zeit.«

»Sie meint«, flüstert mir Maria zu, »dass wir dieses Wissen als Kraft nutzen können.« Offenbar steht mir auf der Stirn geschrieben, dass ich zu blockiert bin, um zu kapieren. »Wenn du eine Frage hast … Zum Beispiel was du in einer Situation tun sollst, aber auch, was deine Aufgabe in deiner nächsten Lebensphase ist, dann kannst du dir dich vorstellen, in allen diesen Lebensperioden – parallel und einander ergänzend – und wirst Antworten erhalten. Du bist – gleichzeitig – Pritzel und Bambi und ich und Donna und Fee und Granny.« Sie trommelt mit den Fingern der rechten Hand leise auf ihre Brust. »Ist alles da drin und alles auch in den anderen.«

Ach du liebe Zeit!

»Wir sind die, die du warst, bist und sein könntest.« Granny zeichnet einen Kreis. »Du trägst die Fülle unserer Leben, unserer aller Lebensphasen, in dir. Wir könnten alle du sein. Du als Kind, du als Jugendliche, du im jetzigen Alter, du als Frau, als reife Frau und als alte Frau. Nimm uns als Spiegel für dich. Jede von uns kannst du etwas fragen, was die Weisheit aufzeigt, die du bereits in dir trägst. Du kannst dich selbst hier im Kreis sitzen sehen, mit dir selbst beratschlagen, was dein nächster Schritt wäre oder wohin die nächste Etappe dich führt. Wir sind gekommen, um dir das zu sagen.«

Das ist ein Traum. Es kann nicht anders sein. Ich schließe meine Augen, weil er zu schön ist, um wahr zu sein.

Mein Blick ruht auf Granny, deren Augen mir liebevoll zuzwinkern. »Mein Schätzchen«, lächelt sie mich an. »Jetzt geht es darum, deinen Weg – oder deinen Weg in deine nächste Lebensphase – zu finden. Deswegen bist du hier, nicht wahr?«

»Es ist schön«, weine ich fast und lasse Grannys Umarmung voller Vertrauen zu.

»Du bist schön«, flüstert sie mir in mein Ohr.
»Schön an Gestalt, Geist und Seele. Kannst du es dir
selbst sagen?«

So sehr ich es auch möchte, noch kann ich es nicht.

»Also ich weiß, was ich zu tun habe, wenn ich einfach mal schweige und in mich hineinspüre«, will
Bambi mir jetzt helfen. »Und das geht am besten,
wenn ich liebevoll zu mir bin. Und wenn ich draußen
bin, im Wald oder auf einer Wiese sitze. «

Das kommt mir bekannt vor: Die Natur heilt. Das
hatte ich heute schon einmal gehört.

Grannys und Bambis Stimmen treffen mich an einer Stelle, die verwundbar, aber auch offen und bereit ist. Ja, ich bin gestern losgezogen, um etwas darüber zu erfahren, was man ein erfülltes Leben nennt – mit Blick auf den Sinn in meinem Leben. Ich wollte Fragen an einen Guru stellen, der mir dann, so dachte ich, die Antworten auf dem Silbertablett serviert. Dann fand ich den Spiegel, der mir die Person zeigte, die die wirkliche Adressatin für diese Fragen ist – mich. Abermals klingt es mir nun in den Ohren: Wofür bist du da im Leben? Für dich.

»Das ist etwas, was ich gerade lerne«, bestätigt Maria. »Ich finde meine Antworten, wenn ich in mich hinein- oder zu einer Antwort hinspüre. Ja. Ich möchte gern mehr über mich erfahren und herausfinden, was mich nach vorn bringt und glücklich macht. Aber wie das geht, weiß ich nicht genau.«

Und das ist noch untertrieben. Trotzdem habe ich nun Zuversicht.

»Gib dir die Zeit, die es braucht, bis du ganz offen mit dir sein kannst.« Fees Stimme klingt ganz weich. Sie berührt mich. »Wenn ich dich ansehe und fühle, dann weiß ich, dass du ein großes Interesse und große Freude an Menschengeschichten hast. Viele hast du schon gesammelt. Du hast mit vielen Personen gesprochen. Nun ist es an der Zeit, dass du dich einmal selbst interviewst.«

Der Wind hat sich in den letzten Minuten gelegt und es ist ruhig geworden. Das Brausen ist beendet und die Wolken haben sich verzogen. Ein sternklarer Himmel strahlt über uns, mit einem Mond so prall und rund, als hätte er sich aus einem Bilderbuch ans Firmament gezaubert.

»Fühlt den Kreis«, lädt Donna uns ein. Sie war bislang eher ruhig. »Fühlt den Kreis und gebt euch Kraft. Bedankt euch still bei jeder Einzelnen im Kreis. Findet heraus, warum sie wertvoll für euch ist.« Wir schließen die Augen und sind eine ganze Weile still. Ich denke an Pritzel, danke ihr, dass sie ihr Herz auf der Zunge trägt. Bambi ist zurückhaltend. Sie erinnert mich daran, dass es zum Erwachsenwerden gehört, gelegentlich auch abzuwarten. Maria, meine Wegbegleiterin: Ich danke ihr von Herzen, dass sie mir zeigt, wie man mit sich wandern kann. Donna, die gar nicht viel sagen muss, sondern einfach durch ihr Wesen strahlt. Sie zeigt mir, wie man wirken kann. Granny, so wertschätzend wie sie ist, will ich in Zukunft mit mir selber sein. »Danke!«, schicke ich ihr zu. Fee, die kluge Zauberin, ich danke ihr für den Tipp mit dem Selbstinterview. Ich werde mir eine Weile zuschauen und mich dann fragen: »Liebes, du hast so viele Geschichten erlebt und gesammelt. Was möchtest du mit ihnen machen?« Vielleicht werde ich ja irgendwann so was wie eine Schwester Grimm.

Es ist da etwas, das mich durchströmt. Ich kann es mitnehmen und ich ahne: Ich werde nie mehr allein sein, denn ich habe erkannt, dass ich mir selbst eine sehr vertraute Freundin sein kann. Wenn ich mir immer wieder selbst begegne, mit mir rede, in den Wald gehe, mit mir nachdenke, dann werde ich sicher auch herausfinden, was mich erfüllt und was für mich gerade sinnvoll ist oder sinnvoll werden kann. Die Erkenntnis macht mich freudig und aufgeregt. Was werde ich alles neu beginnen?

In diesem geheimnisvollen Wald stelle ich mir die ersten Fragen für mein neues Leben. Diese Schutzhütte mit dem magischen Kreis der Frauen: Sie drehen mein Leben um.

Immer
nach Hause

*M*ir selbst zu begegnen, indem ich mir echte, tiefe Fragen stelle, echte Fragen, auf die ich mich
wirklich einlasse, dazu fehlte mir früher der Mut. Ich
verstehe: Wenn ich keine echten, tiefen Fragen an
die Zukunft meines Lebens habe, kann es keine Antworten geben, die mich weiterbringen.

»Kannst du dir richtig gute Fragen stellen?« Als
wir wieder in der Hütte sind, setze ich mich zu Maria. »Ich will es mal so sagen, ich übe noch.« Maria
sieht mich nicht an und beißt in einen Apfel. »Jeder
Neuanfang – so wie deiner nun – beginnt natürlich
mit einer ersten Frage. So wie deiner. Innere Bilder,
Visionen und Fantasien helfen dann, erste Antworten zu finden.«

»Sie sind wie Fixsterne«, nickt auch Fee. »Und dann musst du an deinen Antworten auch wirklich interessiert sein«, empfiehlt sie mir.

»Versuch es einfach«, rät mir Donna. »Und wenn dich deine Fragen und Antworten langweilen, machst du dir gerade etwas vor.«

Es stimmt. Ich kann spüren, wenn ich mich selbst an der Nase herumführe und mir vormache, dass ich nachdenke, obwohl ich mich nur schnell mit etwas abspeisen will, damit ich endlich Ruhe gebe. Während ich so ganz mit mir beschäftigt bin, fühle ich die Hände von Bambi und Maria, wie sie von der Seite die meinen suchen. »Schade, dass wir nicht immer zusammen sind«, flüstere ich traurig zu Maria.

Sie schaut mich an: »Aber wir sind es doch. Immer.« Dann macht sie eine kleine Pause. »Wann immer du es wünscht. Schließe nur die Augen und dann rufe nach dir. Bilde den Kreis deiner inneren Frauen im Tempel deiner Seele und stelle die Frage, die dir auf dem Herzen liegt. Nicht im Kopf. Die Frage muss aus dem Herzen kommen.«

Später, auf dem einfachen Hüttenbett, versuche ich mir den Kreis vorzustellen. Ich bin unglaublich müde, höre den Atem der anderen und kann trotzdem noch nicht schlafen. Wie geht das, den Kreis bilden, und welche Frage könnte aus meinem Herzen gestellt werden?

»Wofür bin ich da im Leben? Für mich«, flüstere ich. Obwohl ich nichts dafür tue, entsteht ein Bild vor meinen Augen. Ein Kreis entsteht. Frauen. Aber es sind nicht Granny, Pritzel, Donna, Maria oder Fee, die sich da zeigen. Ich bin es – immer wieder. Ich als Kind, als Jugendliche, ich im jetzigen Alter und – es berührt mich zutiefst – ich in meinen späteren Jahren.

»Was empfehlt ihr mir zu tun?«, frage ich erneut.

»Spiele, so wie ich!«, sagt das kleine Mädchen.

»Weißt du noch, wie gern du früher gelesen hast?« erinnert mich die Jugendliche.

»Schicke die Liebe in die Welt, damit die Liebe dich finden kann, und schreibe deine Märchen«, nicke ich mir als Frau zu. Jetzt, da ich mich mit mir mit einem Mal so verbunden fühle, wird mir bewusst, dass ich etwas bewegen kann.

»Lass dir Zeit«, lächelt die Alte. »Das Leben ist ein Ausflug. Lerne, genieße und trödele so oft es geht.«

Trödeln, das Wort habe ich schon lange nicht mehr gehört. Trödeln ist doch nicht gut, trödeln bedeutet sich aufhalten lassen, nicht konzentriert sein. Trödeln ist aber auch Spiel, Neugier und sich nicht immer nur dem zuzuwenden, was effektiv und sinnvoll ist. »Trödeln«, brumme ich schläfrig. »Trödeln muss ziemlich gut sein, wenn man sich selbst besser kennenlernen möchte und herausfinden, wie man sich die Welt schön und sinnvoll macht. «

Dann schlafe ich ein und träume: nichts.

Als ich gegen Mittag erwache, steht die Sonne schon sehr hoch. Ich richte mich auf und schaue mich um. Da ist nichts und niemand mehr. Die Betten der Schutzhütte sind leer, das Bettzeug liegt sauber gefaltet an den Fußenden. Die roten Kissen, wo sind sie geblieben? Kein Glas steht in der Küche, kein Teller, kein Krümel auf dem Boden. Alle sind fort. Als ob nie jemand da gewesen wäre. Verwundert reibe ich mir die Augen und schaue mich in der Hütte um. Nichts erinnert daran, dass gestern noch so viele Frauen hier waren.

»Maria?«, rufe ich unsicher in Richtung Bad. Ist sie am Ende auch nicht mehr da? Ich kenne die Antwort, ohne dass ich suchen muss. Auch Maria ist verschwunden.

Obwohl, verschwunden ist keine von ihnen. Da bin ich mir sicher. Neben meinem Rucksack liegt der Spiegel. Er ist offen, sodass ich die Gravur sehen kann. Die Sonne blitzt auf dem Glas und im Schein der Strahlen sehe ich mein Gesicht. »Für dich!«

Das war kein Märchen, denke ich mir. Es war keine Magie und keine Fantasie. Ich habe auch nicht geträumt. Sie waren alle da.

»Sie sind immer da!«, erinnere ich mich.

Kann man in meinem Alter noch wachsen? Wenn ja, dann wurde ich in den letzten Stunden einige Zen-

timeter größer. Und ich habe das bekommen, was ich
mir erhofft hatte. Der Tunnel, erinnere ich mich, wie
gut, dass es ihn gab. Margit, die Wirtin, die mir vom
Zauber der Störung erzählte und mich in den Wald
schickte. Ob sie den Wald aus eigener Erfahrung
kennt? Sicherlich, aber ich werde sie nicht danach
fragen. Fragen richte ich fortan erst einmal an mich
und dann werden die Antworten schon kommen –
weil ich bei mir bin. Dass ich das denke, bringt mich
fast zum Lachen. Das ist die Botschaft, die ich aus
dieser Nacht mitnehme.

»Was will mir dieser Tag wohl zeigen?«, öffne ich die
Tür und freue mich nicht nur auf den Tag, sondern
auf all die Tage, die jetzt kommen.

Die Sonne scheint und die Kräuter duften, gestärkt von dem Regen in der Nacht. Es ist schön! Zuversichtlich atme ich tief durch. Meinen Guru habe ich nun doch noch getroffen. Er wohnt in mir. Und es ist nicht nur einer. Es sind viele weibliche Gurus, Feen, weise Frauen, kleine Mädchen.

»In welche Richtung geht es?«, spreche ich mich aufmunternd an, laufe los und lasse die Richtung auf mich zukommen. Ich werde sie mit Sinn befüllen.

»Wohin gehen wir?«, fragte bereits Novalis.

»Immer nach Hause.«

Mit offenen
Augen

$\mathcal{A}$nne öffnet die Augen und sieht mich verträumt an.

»Es ist wahr, was du mir erzählt hast, stimmts?« Sie sieht mir direkt ins Gesicht. »Diese Geschichte ist kein Märchen, stimmt es?«

»Weißt du noch«, drücke ich sie an mich. »Was ich zu dir als Kind immer gesagt habe, wenn du wissen wolltest, ob das Märchen, das ich dir erzählt hatte, der Realität entspricht?«

»Du hast gesagt, dass es so wahr ist, wie ich es wahr mache. Das habe ich als kleines Mädchen nicht verstanden.«

»Jetzt bist du groß.«

»Und ich verstehe.«

Wir bleiben einen Moment zusammen auf der Couch und ich genieße Annes Nähe. Wie schön, dass sie mich gesucht und gefunden hat. Im Grunde, denke ich, stecken nicht nur wir selbst in uns drin, sondern auch die Menschen, denen wir sehr nahestehen. Und dafür braucht es nicht immer gemeinsam gelebte Zeit. Steht die Verbindung, so kann sie auf ewig halten. Sogar, wenn wir im Streit auseinandergehen.

Ich stehe auf und wühle in meinen Schubladen. Wo ist er nur? Endlich. »Hier«, sage ich und reiche Anne den Spiegel, der mir damals so geholfen hat. »Für dich. Vielleicht bringt er dich auch deinen Fragen näher. Die Antworten kommen auf gute Fragen wie von allein.«

Gerührt betrachtet Anne das Geschenk. Und fährt mit den Fingerkuppen über die Gravur. »Danke!«, murmelt sie mehr, als dass sie es sagt.

Doch schnell fasst sie sich. »Und was hast du mit deinen Antworten gemacht? Wie ging es mit dir weiter?«

»Nun, mein Puzzleteil war, dass ich auf dem Weg bin. Nicht mehr und nicht weniger. Als ich das verstand, habe ich losgelassen. Und ich habe nochmal studiert, gelernt und habe einen neuen Beruf begonnen. Die kleine Pritzel in mir gab mir dafür den Mut und Donna schenkte mir die Sicherheit. Bambi ließ

mich Menschen zu Rate ziehen, Fee gab mir Souveränität und Granny lehrte mich, dass man im Leben nicht nur empfängt, sondern auch weitergibt. Heute habe ich mich daran erinnert.«

»Und was lehrte dich Maria?«

»Maria schenkte mir den Glauben an mich selbst. Seit ich sie getroffen habe, bin ich in Kontakt mit mir. Sie ist ich und ich bin sie.«

»Das klingt schön. Ich möchte von den Mädels träumen, die in meinem Leben sind.«

Sie sieht mich an. »Und meine innere Großmutter erinnert mich schon jetzt, dass ich dir davon später erzählen sollte.«

»Bitte!«, lache ich gespielt flehentlich und drücke Anne dabei an mich. »Mir und anderen.«

Wir sitzen eine Weile still aneinander gelehnt und träumen beide meiner Geschichte ein wenig nach. Nicht nur für Anne, auch für mich ist es gut, dass ich von meinem Frauenkreis erzählte. Ein Kreis, der sich alle paar Jahre sogar erweitert. Eine Ur-Granny ist heute mit dabei, die ganz ruhig und bedächtig auf die Welt blickt. Und Bébé, die Dreijährige, die neugierig die Welt erkundet.

»Möchtest du schlafen?«, frage ich leise.

»Nein«, schnurrt sie müde zurück. »Ich sitze nur gerade in meinem Kreis.«

»Und was erzählen dir deine Mädels?« Aber Anne ist schon eingeschlafen. »Gute Unterhaltung«, flüstere ich ihr leise zu.

Ende

Mo Marlitt

Lady Buddha

Finde die Liebe in dir selbst

978-3-451-06938-3

*E*s gibt ein sehnsuchtsvolles Gefühl nach Ruhe, Liebe und Leben in mir«, gestehe ich meiner Freundin Friederike. »Irgendwie und auf eine sehr spezielle Weise«, versuche ich zu erklären, »habe ich es nicht geschafft. Da fehlt ein Puzzlestein. Obwohl ich meinen Job zum Beispiel sehr mag. Aber ich habe es nicht geschafft. Ich bin in mir nicht zu Hause.«
Was das genau ist, dieses »geschafft« und was ich meine mit »Zuhause«, kann ich nicht in Worte fassen. Es ist ein Gefühl, das ich seit meiner Kindheit habe und das sich schmerzhaft meldet, wenn ich Menschen wie Friederike treffe. Menschen, die auf eine ganz spezielle Weise satt und gesegnet sind. Friederike ist immer im Einklang mit sich. Sie ist beliebt, hat viele Freunde und eine warmherzige Familie. Natürlich hat sie auch schon tiefe Täler durchschritten. Auch ihr ist nicht alles in den Schoß gefallen. Aber sie hat eine Art Urvertrauen, das ihr hilft und sie unterstützt. Wie Friederike wäre ich auch gerne. Das ist kein Neid, sondern eher ein Verlangen.

Vielleicht ist es dieser Vergleich, der mich darauf bringt, dass eine Auszeit eine Wende ermöglichen würde. Raus aus dem Trott, hinein ins Behagen. Und nun stehe ich in diesem Zimmer.

»Hier kann ich unmöglich bleiben«, stößt es aus mir hervor. Diese Bude ist eine Absteige und die Funzel von einer Lampe leuchtet das Entsetzen dieses Raumes aus: Zusammengewürfelte Möbel, ein schlichtes Bett und schwere Vorhänge, die den Raum erdrücken. Ich atme tief durch und meine Augen suchen verzweifelt etwas, das ihnen gefallen könnte. An der Wand hängt ein Bilderrahmen mit einem Engelporträt darin. Doch der macht das Grauen hier auch nicht besser, im Gegenteil. Wenigstens bei der Eso-Deko hätten die sich ein bisschen ins Zeug legen können.

Die Erschöpfung mischt sich jetzt mit großer Enttäuschung. Schwerer Nebel legt sich über meine Seele und lähmt meinen Körper. Als wäre ich nicht sowieso schon am Rand meiner Kraft! Mehr als hun-

dert Überstunden haben mich so weit gebracht, dass ich nichts mehr stemmen konnte. Jede To-do-Liste wurde zu einer Rucksackladung voller Steine. Und alle diese Steine kullern in diesem Augenblick auf den Boden und schreien mich an: Was hast du dir dabei gedacht, hierher zu fahren? An diesem Ort wirst du dich unmöglich erholen können.

Das Bett ist so schmal, als wäre es für eine Novizin aus dem 17. Jahrhundert gemacht. Ich bin größer, ich brauche Platz. Meine Müdigkeit will sich einkuscheln, streicheln lassen und was ich ganz besonders brauche, sind Antworten. Deswegen habe ich mich auf den Weg gemacht. Ich muss wissen, was ich tun kann, damit mein Leben nicht weiter zerfasert. Damit ich in innerer Harmonie lebe. Schon spüre ich erste Tränen über meine Wangen kullern. Dabei habe ich schon ganz lange nicht mehr geweint. Nicht mal aus Liebeskummer. »Ich bin ein tapferes Mädchen, ich bin eine Kämpferin. Ich schaff das!«, versuche ich die Felle zurückzufischen, die mir gerade emotional davonschwimmen.

Mit einem Seufzer lasse ich mich in den kleinen Sessel fallen. Er wackelt beängstigend. Schützend ziehe ich mein weiches Jäckchen enger um meinen Körper. Niemals werde ich es in diesen Sperrholzkleiderschrank legen! Das ist reinster Kaschmir aus

Nepal. Dort wird er nur Fäden ziehen oder Motten stürzen sich mit zähnefletschender Gier auf ihn.

Auf dem Couchtisch liegt ein Werbeprospekt des Hauses. Worte wie »Sinnfindung«, »Tiefe Seelenerholung«, »Liebevolle Zuwendung« und »Ankommen!« stechen mir ins Auge. Genau das wünsche ich mir. Alle Falten, so habe ich gehofft, würde die Seelenerquickung glätten. Das Graue würde sich lösen und ich Yogitee mit einer Haltung trinken als wäre es Champagner. Ich werde mich wieder über mich freuen, wenn ich in den Spiegel blicke. Da es hier aber keinen Spiegel zu geben scheint, ist dieser Punkt vorerst sowieso hinfällig. Was ist das eigentlich für ein Beutel auf meinem Kopfkissen? Neugierig stehe ich auf, schnappe mir das karierte Säckchen und schnuppere daran. Der Duft von Blüten und Kräutern strömt mir entgegen – ich hasse Lavendel.

...